Jörg Bernig
Der Gablonzer Glasknopf

THELEM

»In seinen brillanten Essays geht Bernig übers Persönliche hinaus und hat luzide Prosa über Mitteleuropa vorgelegt, …« Barbara von Wulffen, Laudatio zum *Eichendorff Literaturpreis* 2011

»… bemerkenswerte poetische Erzählungen. Geschrieben mit großem literarischem Feinsinn, ja manchmal mit nachgerade lyrischen Passagen, …« Bernhard Setzwein im *Passauer Pegasus*

»Bernigs Mitteleuropa-Begriff beschwört kein Idyll, sondern eine auf Leiden basierende Einheit.« Erich Pawlu in *Sudetenland. Europäische Kulturzeitschrift*

»Die literarische Form des Essays blüht also auch in Deutschland, …« Sebastian Hennig in *Vorschau & Rückblick*

Jörg Bernig

Der Gablonzer Glasknopf

Essays aus Mitteleuropa

THELEM

2015

Bibliografische Information der Deutschen Nationalbibliothek
Die Deutsche Nationalbibliothek verzeichnet diese Publikation in der
Deutschen Nationalbibliografie; detaillierte bibliografische Daten sind im
Internet über http://dnb.d-nb.de abrufbar.

Bibliographic information published by the Deutsche Nationalbibliothek
The Deutsche Nationalbibliothek lists this publication in the Deutsche
Nationalbibliografie; detailed bibliographic data are available in the Internet
at http://dnb.d-nb.de.

ISBN 978-3-945363-20-1

© 2011, 2015 w.e.b. Universitätsverlag und Buchhandel
Eckhard Richter & Co. OHG
Bergstr. 70 | 01069 Dresden
Alle Rechte vorbehalten. All rights reserved.
Thelem ist ein Imprint von w.e.b.
Made in Germany.

Am Anfang jeder Wanderung war ein Name: eine kleine Metallplatte an einem Gebäude, eine Chiffre für den Weg, dessen Ende man nicht sah. Er betete die Namen her wie einen Rosenkranz …
Dragan Velikić, *Via Pula*

»Die Wirklichkeit ist nicht die Wahrheit«, erwiderte der General.
Sándor Márai, *Die Glut*

Und so sind meine Vorfahren abgetanzt, und ich bin auf der weiten Flur allein zurückgeblieben.
Peter Handke, *Immer noch Sturm*

Wo *das* nun wieder ist! Eine Vorbemerkung

Wurde und wird Mitteleuropa von den einen als politisches Konzept verstanden, das in der Historie vor allem Expansion bedeutete, hinter dem sich heute aber, also nach dem Fall des Eisernen Vorhangs, zumeist nichts weiter als der Weg vom ›Osten‹ in den ›Westen‹ verbirgt, so ist mir Mitteleuropa vor allem ein Raum der Erzählung, ja, ein Raum, der erst durch die Erzählung erschaffen wird und der erst in seiner poetischen Form die ihm gemäße Existenzform findet. Die Realien, über die wir bei etwaigen Gängen durch die Provinzen des mitteleuropäischen Reiches stolpern, sind hingegen oftmals die nur von einer dünnen Kulturschicht überdeckten Trümmer und Reste vergangener Geschichte(n). Sie sind Spuren, die sich in unseren Erzählungen von und aus Mitteleuropa wiederfinden, in Erzählungen, die das Wort ›Mitteleuropa‹ vielleicht gar nicht kennen, die aber etwas von der Elbe, der Donau, von Wien, Budapest oder Danzig, dem Riesengebirge oder Istrien wissen und in denen nicht selten Schmerz und Trauer den Grundton abgeben.

Die hier vorliegenden Essays sind für mich Wanderungen im Erzählraum Mitteleuropa. Sie sind Gänge in einer Welt, die immer wieder in einer anderen Zeit als der gemeinhin gültigen zu leben scheint. Hinzu kommen noch die verschiedenen Zeitzonen, die in der mitteleuropäischen Welt gelten können. Für mich klingen in diesen Essays Stimmen weiter, die eigentlich längst schon nicht mehr zu hören sind.

Die Essays entstanden im Lauf der letzten Jahre im Gefolge von kurzen Wortmeldungen, um die ich für das Radio gebeten wurde, oder sie entstanden aus einem Vortrag ›zu etwas Mitteleuropäischem‹ heraus. Wieder anderes stellte sich von selbst ein nach Aufenthalten in Böhmen etwa oder in Rumänien oder nach Lektüren. Nicht selten findet sich in den Essays das wieder, was mir während Wanderungen oder im Gehen entlang der Elbe durch den Kopf ging und geht. Für den Druck hier habe ich die Texte durchgesehen und überarbeitet.

Böhmen, damit ist das genannt, was oftmals Dreh- und Angelpunkt der Essays ist. Es scheint mir für das, was als Mitteleuropa bezeichnet wird, ein paradigmatisches Gebilde zu sein. Und auch wenn der Blick nach Südosteuropa gerichtet wird, so fällt er doch immer wieder auf Böhmen zurück, weil es durchaus Verbindungen zwischen diesen Weltgegenden gibt. Mitteleuropa das sind auch – offensichtliche wie verborgene – Gemeinsamkeiten. Paradoxerweise kann sich dieses Gemeinsame auch in wechselseitiger Ignoranz und Unkenntnis äußern.

Im Jahr 2006 saß ich einmal in dem Zug, der von Hamburg nach Budapest fährt. Außer mir waren lediglich eine vielleicht sechzigjährige Frau und ihr wohl gleichaltriger Mann im Abteil, und nach dem Gespräch, das sie führten, zu urteilen, gehörten sie zum Hamburger Mittelstand. Als der Zug schon eine Zeitlang brandenburgisches Flachland durchrollte, beugte sich die Frau zu ihrem Mann:

»Ist das nun noch DDR oder schon Tschechei?«

»DDR«, sagte er.

»Hier sieht's aus wie bei den Zigeunern!« sagte sie.

Er antwortete nicht. Sie kramte in ihrer Tasche. Dann blickte sie in den kleinen Fahrplan, der im Abteil auslag, und stellte fest:

– »Wir müssen ja in Ustinov umsteigen. Wo *das* nun wieder ist!«

Jörg Bernig
Kötzschenbroda, im Juli 2011

»DU BIST HIER NUR GEBOREN«

Europa und das laute Singen im Walde

Woran denken wir, wenn wir an Europa denken? An das Mittelmeer, die griechische Antike und den mythologischen Ursprung von etwas, aus dem sich eine Zusammengehörigkeit durch die Künste zieht, durch das Denken und Fühlen? Denken wir an etwas, das von da her, aus jenem Längstvergangenen, Wertungsmuster auf die Reise durch die Zeit geschickt hat, die sich mit dem Christentum, mit der Renaissance und der Aufklärung verbanden und in vielfältiger Form auf uns gekommen sind? Oder denken wir, wenn wir an Europa denken, an nichts als die geographische Form und den Rahmen Nordmeer, Atlantik, Mittelmeer und Ural?

Oder verbinden sich heute – kurz nach Unterzeichnung der Beitrittsverträge mit mittel-, süd- und osteuropäischen Staaten zur Europäischen Union sowie den jüngst dort abgehaltenen Referenden – mit den Gedanken an Europa nicht vielmehr Gedanken an politische Rangeleien um Einflußnahme und Machtansprüche, an welche die Wahlbeamten unserer Staaten ihr Herz hängen? Man erinnere sich nur einmal daran, wie der Erweiterungskommissar der Europäischen Union – ein Feldherr ohne Heer – Zweifel an der Rechtsstaatlichkeit einzelner Gesetze in einzelnen Beitrittsländern zur Seite schob. AUFBRUCH, hieß es, NACH VORNE BLICKEN und AUS EINER TRENNENDEN VERGANGENHEIT IN EINE GEMEINSAME ZUKUNFT – die vielen Parolen, manchmal klingen sie doch nicht anders als der Befehl RUHE IM GLIED!

Und was für eine Rangelei gab es erst, als die noch nicht einmal Beigetretenen sich mit den Amerikanern solidarisierten und den Krieg gegen die irakische Diktatur befürworteten! Nun, man darf nicht vergessen, daß es sich hierbei auch um Äußerungen von gebrannten Kindern handelte, die sehr wohl noch wissen, daß Großbritannien und Frankreich sie gegen Nazi-Deutschland schlicht hatten hängenlassen und daß Westeuropa im Kalten Krieg auf die friedliche Koexistenz, also auf Anerkennung und Fortbestand der osteuropäischen Diktaturen, setzte, während Amerika sich zumindest als antikommunistische Bastion darstellte, von der eher Befreiung zu erwarten war.

Es ist aber, um noch einmal auf die Wahlbeamten und ihre Taten zu verweisen, in der Europäischen Union nichtsdestoweniger ein enormer zivilisatorischer Schritt, daß die Frontbegradigungen der europäischen Geschichte – denn europäische Geschichte ist größtenteils ja Kriegsgeschichte –, daß also diese Frontbegradigungen sublimiert wurden zu Bananenbegradigungen, die von der Brüsseler Zentrale verhängt werden.

Oder denken wir, wenn wir an Europa denken, daran, daß Europa für die Westeuropäer eben nur Westeuropa ist? War nicht ein Resultat dieser Selbstgenügsamkeit das Zuschauen bei den ethnischen Säuberungen und Massakern während der jugoslawischen Sezessionskriege auf dem Balkan gewesen? Immerhin ein Zuschauen aus der ersten Reihe und mit gehobenem Komfort, aber eben ein Zuschauen und eines ohne das Gefühl, daß Verstümmelungen am eigenen Leib begangen werden. Paradigmatisch dafür steht jene bedauernswerte befehlsgelähmte niederländische Einheit, die in Srebrenica ihre Schutzbefohlenen den Henkern übergab. Das (west)europäische schlechte Gewissen darüber, es stellte sich schließlich doch ein und fiel – Ausdruck völliger Hilflosigkeit – Jahre später in Form von Bomben vom Belgrader Himmel. Die Europäische Union und ihre Erweiterung soll Frieden bringen. Wir wollen es trotzdem glauben.

Was aber bedeutet die Erweiterung für Grenzgegenden wie Mitteldeutschland? Zunächst einen Anlaß zur Interpretation. Erweiterung, das meint ja das Ausdehnen von etwas. Doch es ist wie lautes Singen im Walde, allein von Erweiterung zu sprechen, denn die Erweiterung wird sich mit der Zeit als Absorption erweisen. Eine Absorption durch Mittel-, Süd- und Osteuropa, und das ist eben nicht Paris, Brüssel, Bonn oder Kopenhagen. Darüber hinaus wird die »europäische« Außengrenze vom Erzgebirge verschwinden und irgendwo in Galizien wieder auftauchen. Dieses Problem geht also über uns hinweg und läßt uns zurück.

Zum Beispiel mit dem Ergebnis einer im Auftrag der Sächsischen Staatsregierung durchgeführten EMNID-Umfrage, das besagt, daß die Mehrzahl der Sachsen der Erweiterung der Europäischen Union in Richtung Polen und Tschechien kritisch gegenübersteht.

Zwar werden wir aufgehoben in einem als höher und größer und besser gepriesenen Großen und Ganzen, gleichzeitig werden aber unsere Regionen nun zusammengeworfen zu dem, was sie schon immer waren – zur Mitte Europas. Sie werden dabei ihrer Grenzen beraubt, hinter denen es sich alle Seiten bislang mental bequem gemacht haben. Ein Blick auf die vorherrschenden Stereotype zeigt uns Deutsche weiterhin als eine laute Bande, die im Grunde eine Mörderbande ist. Die Polen sind nach wie vor Experten einer von ihnen erfundenen Wirtschaftsform. Und die Tschechen spielen wie seit je das Opfer und den Schwejk, trauen darf man ihnen jedenfalls nicht. Damit stehen wir da und mit Landschaften, die noch immer gezeichnet sind von unseren Feindschaften. Und hier wird die Erweiterung der Europäischen Union, die ab 2004 von der Ostsee bis nach Zypern reicht, zu einem Regionenproblem. Die Schmerzensspuren von Krieg, Vertreibung und Totalitarismus sind in unseren Kulturlandschaften auch heute noch ablesbar. Sie sind die Mitte Europas, die Regionen Böhmen und Mähren, Schlesien und Mitteldeutschland, sie ziehen sich südlich weiter bis hinunter nach Istrien. Europäische Union heißt hier zunächst, daß jahrhundertealte Kulturräume sich *nicht* in beschäftigungsfreie Zonen verwandeln, aus denen die Jugend wegzieht, um nicht mehr wiederzukommen. Europäische Union heißt, daß das böhmische Grenzgebiet *nicht* auf Dauer zu einer Mischung aus Wochenendhaus, Straßenstrich und Vietnamesenmarkt wird oder daß die Einfahrt ins polnische Schlesien *nicht* ewig gekennzeichnet sein wird von zusammenbrechenden Dörfern, die, anstelle rekonstruiert zu werden, ein Stück weiter im geschichtslosen und erinnerungslosen Hornbach-Klapphäusle-Stil verschwinden. Das ist, was die Erweiterung der Europäischen Union ausmacht. Hier. Ein Stück hinterm Gartenzaun. Im, wenn man nur genauer hinschaut, nur allzu oft immer noch traurigen Herzen Europas. *Diese* Ausfüllungen eines Begriffs und eines Gebildes sind nun einmal naheliegender und wichtiger als bedeutungsleere Politfloskeln von ZUKUNFT und dergleichen. Denn auch die Zukunft wird einmal Zukunft gewesen sein, also Vergangenheit. Und auf die werden Generationen blicken mit der Frage, die sich auch an uns richten mag: Was habt Ihr daraus gemacht?

Europa ... Vor einigen Jahren lebte ich eine Zeit in Schottland,

Und dort, irgendwo in Schottland, in einem abgelegenen Haus, fünf Meilen von der nächsten Ortschaft entfernt, hatte ich ein intensives Erlebnis der Erinnerung an Herkunft und Hintergrund – und an Europa. Die BBC sendete einige Tage jeweils um Mitternacht tschechoslowakische Filme der sechziger Jahre. Vorokkupationsfilme. Und *Wagen nach Wien*, *Meine Landsleute* oder *Lerchen am Faden* erzählten in Schottland auf Tschechisch mit englischen Untertiteln einem Deutschen mit böhmischen Vorfahren etwas aus der großen Umbruchszeit nach neunzehnhundertfünfundvierzig in Mitteleuropa. Und indem sie das taten, erzählten sie ihm etwas über sich und etwas über das sich gleichzeitig Ereignende auf dem Balkan. Sie erzählten Europa, wie wir es aus der Geschichte kennen. Und sie sagten etwas über die Gegenwärtigkeit verschiedener Zeiten. Auch darin verbirgt sich Europa.

Aus dieser Trennungs- und Zerstörungsgeschichte heraus soll der Entwurf gelingen, ein gewissermaßen geschichtsgegenteiliges Europa, ja, zu dekretieren. Wenn fünfundvierzig Prozent der Ungarn sich zu fünfundsiebzig Prozent für den Beitritt zur Europäischen Union entscheiden, dann ist dieser Beitritt *doch* das Votum einer Minderheit, auch wenn es uns als Mehrheit gedeutet wird. Und wie sind Abstimmungen zur europäischen Währungsunion zu werten, die solange wiederholt werden, bis sie ein Ja ergeben? Damit sind wir mitten in den Dingen, die wahrscheinlich die meisten Europäer eben nicht interessieren. Oder zumindest nicht mit einer positiven Konnotation. Es sind die vertikalen Ordnungen, die Regulationen, die Strukturen. Die meisten sehen ja eine Zusammengehörigkeit der Europäer, aber abgesehen davon wollen sie vor allem ihre Ruhe, Wohlstand und, so weit reichen die Lektionen der Geschichte, keinen Streit mit den Nachbarn. Zumindest keinen solchen, der ganze Völker ausrottet und Länder verwüstet. Das klingt prosaisch und hat so gar nichts von Vision. Aber das täuscht. Es ist sehr viel.

(2003)

In Umberto Ecos Roman *Das Foucaultsche Pendel* versucht die literarische Hauptfigur, an einem Computer auf paßwortgeschützte Dateien zuzugreifen. Sie probiert es mit diesem Wort und mit jenem. Sie gibt historische Daten ein und private, aber immer und immer wieder erscheint die Frage: »Kennen Sie das Paßwort?« Entnervt antwortet die Figur schließlich mit »Nein!«. Da erst wird ihr der Zugriff gewährt, und der Roman kann beginnen.

Angesichts des Beitritts von zehn Staaten zur Europäischen Union wurde geflissentlich die Frage nach der europäischen Identität laut. Es gibt sicher keine allen Europäern gemeinsame Datei, auf die sie seit dem 1. Mai 2004 zugreifen können und die ein längst vorbereitetes Programm startet. Zudem ist die Frage der europäischen Identität ja erst durch einen Verlust an Gewißheiten zu einer bis dato unbekannten Virulenz gelangt. Daneben erscheint sie in jüngster Zeit als eine von außen aufgezwungene Fragestellung, denn auf europäische Verbindungen und Ähnlichkeiten wurde gezielt, als im März 2004 in Madrid Menschen von Terroristen ermordet wurden. Etwas den Europäern Gemeinsames wurde getroffen. Lebensführung, Konfession, kulturelle Tradition, politisches System. Was auch immer. *Wir* sind gemeint, weil wir Europäer sind. Nach außen scheint das deutlicher konturiert zu sein als nach innen.

Nach etwas Statischem zu suchen, wenn nach einer Antwort auf die Frage nach der europäischen Identität geforscht wird, dürfte zu wenig führen, denn das Prozeßhafte, das Bewegliche scheint eher ein taugliches Kennzeichen dafür zu sein. Als Beispiel hierfür mag stehen, daß sich langsam aber beständig eine während des Kalten Krieges individuell wie kollektiv erlernte und erworbene Geographie verändert. Da, wo bis vor fünfzehn Jahren wechselseitig in Europa die Welt endete, liegt nun etwas, das wir mehr tastend als alles andere eine Mitte nennen – Mitteleuropa. Es ist dies ein Raum, der einerseits über jahrhundertealte

Traditionen und Erfahrungen verfügt und den andererseits das zwanzigste Jahrhundert wie ein schwarzes Loch von diesen Erfahrungen zu trennen scheint beziehungsweise der von diesem schwarzen Loch verschlungen wurde. Diesen Raum gilt es, mit einer Erzählung anzufüllen, die Verbindungen herzustellen vermag, auch zeitliche Verbindungen in Form von Wiederaufnahme, Echo und, ja auch das, Abkehr.

Die alte Frontlinie des Kalten Krieges soll die europäische Naht werden und die Schneidermeister wir, die wir entlang dieser Linie leben. Wahrscheinlich wird das eine Naht geben mit allen Symptomen von Juckreiz bis Schmerz bei Wetterumschwüngen. Wir kennen das aus der noch immer stattfindenden deutschen Vereinigung. Wir wissen, wie schwierig es ist, die Geschichte zweier Teilstaaten in Deutschland als *eine* nationale Geschichte zu begreifen. Die Bundesrepublik hatte sich über Jahrzehnte hinweg mit Deutschland verwechselt und diesen Fehler nicht bemerkt oder ihn verdrängt. Das wurde ihr maßgeblich erleichtert durch die kommunistischen Machthaber im Osten des Landes, die bis zu ihrem Sturz daran arbeiteten, neben ›demokratisch‹ und ›Republik‹ auch das Wort ›deutsch‹ zur dritten bedeutungsleeren Stelle im Staatsnamen zu verwandeln. Daß es dieser Staatsname immer nur zu einer Dreibuchstabenexistenz gebracht hatte und auch im Nachhinein daran nichts zu ändern ist, unterstreicht das Gesagte nur. Als wären die Leerstellen auch noch kodiert worden.

Analog dazu hatte sich Westeuropa über Jahrzehnte mit Europa verwechselt, und die Machthaber des Ostblocks hatten dabei mitgeholfen, indem sie versuchten, die Verbindungen zu kappen, wo es nur ging. Auch die historischen Verbindungen. Um wie viel schwieriger als in Deutschland dürfte es nun werden, aus nationalen Geschichten identitätsträchtige und -bildende europäische Merkmale der Gemeinsamkeit herauszufiltern. Galizien in Polen mit Schwaben, London und Paris zusammenzudenken wird nicht mehr nur eine Aufgabe für einen *Magister Ludi* im Glasperlenspiel sein. Doch nicht jeder definiert sich über Kultur und sieht in Antike, Renaissance und Aufklärung relevante Koordinaten. Es wird also etwas aus dem gemeinsamen Alltag destilliert werden müssen. Was, das wird sich herausstellen. – Da ist es wieder, das Prozeßhafte, das Bewegliche …

Von dort ist es nur ein kleiner Schritt zum Naheliegenden, aber irgendwie Vergessenen. Was wird aus den nächsten Nachbarn der Europäischen Union? Was wird aus den Staaten des Balkans? Sie wären ein wichtiger Sachverständiger, wenn es zum Beispiel um die Beitrittswünsche der Türkei zur Europäischen Union geht. Nur, so wenig man in Westeuropa den Rat und die Meinung dieser Sachverständigen hören will, so wenig hat man während der neunziger Jahre die Hilfeschreie vom Balkan gehört. Und letztlich waren die im Jahr 2003 vorgebrachten gerichtlichen Klagen von Serben gegen die Bundesrepublik wegen der deutschen Beteiligung an den Bombardierungen Serbiens vor einigen Jahren auch nichts anderes als Hilferufe. Den Serben waren bei Angriffen auf eine Donaubrücke Angehörige, Zivilisten, getötet worden. Serbische Kriegsverbrecher hatte die Luftwaffe der NATO bei dieser Gelegenheit nicht getroffen. Die Klage der Serben wurde von deutschen Gerichten mit der Begründung abgewiesen, daß Privatpersonen den Staat nicht verklagen könnten.

Zurück zum Balkan … Der Musterschüler Slowenien hat es in die Europäische Union geschafft. Wohl weil ihm nicht ohne weiteres und gänzlich eine Zugehörigkeit zum Balkan attestiert werden kann. Zudem ist Slowenien ökonomisch besser situiert als manches ältere Mitgliedsland. Die Beitrittssignale, die von der EU in Richtung Kroatien gesandt werden und in Richtung Bosnien-Herzegowina mögen dort viele zumindest ökonomisch motivieren. Was aber beinahe wichtiger ist, sie dürften sie auch politisch ruhighalten, denn nicht nur Serben haben bis vor wenigen Jahren geglaubt, sich durch Krieg bei der Sezession Jugoslawiens Vorteile verschaffen zu können. Es dürfte sich bei der Motivierung zum Beitritt um eine zeitgenössische Adaption der Bismarckschen Politik von Butterbrot und Peitsche handeln, die nicht jeder Grundlage entbehrt. Wer etwas zu verlieren hat, überlegt sich sein Tun vielleicht. Und wer noch mehr zu verlieren hat, überlegt es sich vielleicht doppelt gut.

Müssen aber nicht auch den Serben Signale gesandt werden? Gewiß, sie wurden durch eine in Verbrechen umschlagende Dummheit ihrer Anführer in die Situation manövriert, in der sie am Anfang des 21. Jahrhunderts sind. Sie sind nun die Parias, welche die Deutschen nach dem Zweiten Weltkrieg waren, die sich durch viel größere Dummheit und grenzenlose Verbrechen aus der Ordnung der Völker begeben hatten. Und trotzdem wurden den Deutschen frühzeitig europäische Perspektiven gegeben, die halfen, sie aus der Marginalisierung zurückzuholen, zu rekultivieren und zu rezivilisieren. Perspektiven, die halfen, 1990 die Ostdeutschen ohne beschwerliche Verfahren, wie sie Tschechen, Ungarn und all die anderen zu ertragen hatten, in die Europäische Union aufzunehmen. Wer, wenn nicht die Deutschen, sollte um die Wichtigkeit von Perspektivengebung für die Balkanstaaten wissen? Auch für Serbien, wo, das sei nicht vergessen, ein Ministerpräsident seinen Einsatz für die Rekultivierung seines Landes mit dem Leben bezahlt hat und wo im Frühjahr 2004 Kirchen und Moscheen brannten und wir Resteuropäer taten, als gehörte das zu den Bildern, die seinerzeit vom Mars gesendet wurden und die eigentlich nur eine Handvoll Experten bei NASA und ESA interessierten und verstehen konnten. Diese Ereignisse und die neuerliche europäische Trägheit des Herzens haben es ein weiteres Mal gezeigt, daß es nicht nur für die Serben wichtig ist, Kriegsverbrecher in Den Haag vor das Tribunal zu bringen, es ist auch für alle anderen Europäer wichtig. Denn für beide handelt es sich bei den Verfahren um Reinigungsvorgänge. Für die einen von dem, was getan worden ist. Für die anderen von dem, was nicht getan worden ist.

Im Jahr 1841 war es Adalbert Stifter möglich, den Liniendampfer Wien – Novi Sad zu nehmen, um auf der Donau zu seiner Frau zu fahren, die in Serbien zu Verwandtenbesuch weilte. Kakanien war vielleicht doch nicht das schlechteste aller Gebilde. Ein ruhiger und für die gegenwärtigen Vorhaben fruchtbringender Blick auf die untergegangenen Vielvölkergebilde in Europa, der sich nicht mit der Verklärung dieses oder jenes Monarchen oder der Verteufelung von Völkergefängnissen zufrieden gibt, könnte uns ein wenig Aufschluß geben über unser Woher und unser Wohin. Damit sind wir wieder bei der anfänglich berührten Frage nach einer europäischen Identität.

Kennen Sie das Paßwort?

(2004)

An den Wassern zu Babel

»An den Wassern zu Babel saßen wir und weinten, / wenn wir an Zion gedachten. // Unsere Harfen hängten wir / an die Weiden dort im Lande.« So beginnt der 137. Psalm, der vom Verlust der Heimat spricht.

Als ich ein Kind war, kamen an jedem Samstag meine Großeltern zu Besuch. Sie saßen an den Wassern zu Babel. Samstags war bei uns zu Hause *Tag der Heimat*, denn das nach Kriegsende Verlorene wurde in hunderterlei Facetten wiedererzählt. Es war ein Wettstreit der Erzähler für sich selbst und für uns Kinder. »Meine Zunge soll an meinem Gaumen kleben, / wenn ich deiner nicht gedenke, wenn ich nicht lasse Jerusalem / meine höchste Freude sein«, heißt es im Psalm weiter. Väterlicherseits war jenes »Jerusalem« Böhmen, mütterlicherseits hieß es Franken, woher der Großvater auf Arbeitssuche nach Sachsen gekommen war. Der Schnittpunkt dieser Lebensläufe war das kleine Dorf, aus dem meine sächsische Großmutter stammte.

Heimat gab es für mich also von Anfang an nur im Plural, und begleitet haben mich seit jeher jene Kinderfragen aus Wim Wenders' Film *Der Himmel über Berlin*: »Warum bin ich ich und warum nicht du? Warum bin ich hier und warum nicht da?« Es sind die Fragen nach Herkunft, Verortung und Heimat. Und diese Fragen verlangen nach einer Erzählung, die wiederum einen ganz eigenen Raum generiert. »Vieles in uns / ist älter als wir«, heißt es dazu bei Reiner Kunze.

Es war Unbedarftheit, daß die Veranstalter des Weimarer Kunstfestes 2006 eine Rede über Flucht und Vertreibung bestellten und vor das Gedenkkonzert für die Opfer des nationalsozialistischen KZ Buchenwald platzierten. Es war Unbedarftheit, daß der Redner die Rede auch hielt. Doch dieses Ereignis zeugt mehr von lokalen kunstdynastischen Selbstherrlichkeiten und schlechten politischen Manieren als von einem vermeintlichen Paradigmenwechsel in der deutschen Erinnerungspolitik.

Die Reaktionen auf diesen Lapsus verweisen jedoch darauf, daß wir an einem Punkt angekommen sind, an dem wir uns auch anläßlich des alljährlich Anfang September begangenen *Tages der Heimat* Gedanken nicht nur über diesen Tag, sondern vor allem auch über die Ausfüllung des Begriffes *Heimat* machen müssen. Beispielsweise gilt das, was gemeinhin als gesetzt angenommen wird, nämlich die gemeinsame Sprache, heute so nicht mehr. Nicht wenige in Deutschland Lebende sind des Deutschen nicht mächtig. Wer aber die Landessprache nicht spricht oder nicht sprechen will, bleibt in der Ausbildung außen vor, ist gar nicht oder nur minder qualifiziert, dem ist die ihn umgebende Gesellschaft im wahrsten Wortsinn nicht nur unverständlich, durch diese Unverständlichkeit wird sie ihm auch ablehnend und feindlich erscheinen. Kann sich unter diesen Bedingungen Heimat entwickeln? Bringt *das* Geborgenheit hervor und eine positive Emotionalität gegenüber der hiesigen sozialen und geographischen Umgebung?

Der *Tag der Heimat* ist ja nicht nur eine Angelegenheit von Vetriebenen und deren Nachfahren, denn Heimat ist immer und überall. Spätestens seit Edgar Reitz' erfolgreichen Filmen weiß mancher das Kleine und Naheliegende zu schätzen. In Ausnahmesituationen wie dem Hochwasser des Jahres 2002 wird dann auch nach außen deutlich, daß dem Kleinen, dem Naheliegenden, ja, dem Unscheinbaren Existentielles anhaftet. Mit welch großem Einsatz versuchten die Bitterfelder, ihre vermeintlich unattraktive Stadt vor den Wassermassen der Mulde zu schützen, weil die Stadt ja ihr Zuhause, ihre Heimat war und ist. Der *Tag der Heimat*, der ursprünglich als Gedenktag für die Vertriebenen geschaffen wurde, ist ein Gedenktag für jedermann, denn jeder hat Orte, die ihm lieb sind, die er nicht verlieren möchte. Sie doch zu verlieren, bedeutet Schmerz. Dieser Schmerz kann nicht unterschieden werden in einen albanischen, bosnischen, deutschen, polnischen, serbischen oder tschechischen.

»Tochter Babel, du Verwüsterin, / wohl dem, der dir vergilt, was du uns angetan hast!« heißt es denn auch allen zur Warnung am Schluß des 137. Psalms.

(2006)

Wurzelwerk

Ich muß zugeben, ich stehe wegen des vom Deutsch-Tschechischen Gesprächsforum vorgegebenen Rahmens für die Zusammenkunft hier in München vor einem Problem. *Gemeinsame Wurzeln: Stärkung des deutsch-tschechischen Kulturdialogs im zusammenwachsenden Europa* – was für ein schöner weiter und weitläufiger Bogen kann da beschrieben werden! Bis zurück in jene Zeit, in der die Nationalität der Bewohner Böhmens und Mährens noch nicht das war, was im neunzehnten Jahrhundert aus ihr wurde, könnte man gehen. Man könnte auch von den Entzweiungen sprechen, wie sie in jeder Familie geschehen, und zum Beispiel die Universität Leipzig als eine Außenstelle der Prager Universität bezeichnen. Nach fünfhundert Jahren könnten wir gut lachen haben. Ich habe an dieser Prager Dependance studiert, als dort die gleiche Doktrin gelehrt wurde wie in Prag ...

Demgegenüber könnten wir schnell und als Trost an Jan Dismas Zelenka in Dresden denken und was er für den fünften Evangelisten, für Johann Sebastian Bach, bedeutete. In Christoph Wolffs Buch *Johann Sebastian Bach*, erschienen bei S. Fischer im Jahr 2000, finden wir auf Seite 358 Zelenka eingereiht unter »Deutsche Komponisten, jüngere Generation«. – Die gute alte nationalitätenlose Zeit!

An Karl Klostermann könnten wir auch denken, der als Schriftsteller bei den Deutschsprachigen Böhmens nicht recht ankam, sich daraufhin zum Karel machte, nur noch auf Tschechisch schrieb und 1905, 1906 und 1913 die Literaturpreise der Tschechischen Akademie erhielt.

Ja, und nicht zu vergessen das Caféhaus am Anfang des 20. Jahrhunderts in Prag! Welche schönen Verweise ließen sich anbringen auf die Literaturstadt Prag, auf die Stadt der Literaturen, auf das kulturelle Gedächtnis und auf seine Pflege.

Wie gern täte ich das und ausschließlich das. Der Kultur mich zuzuwenden wäre mir das liebste. Der Frage nachzugehen, wer wir sind und was wir wollen und was wir nicht wollen sollten, das wäre mir das liebste, und in meinem Roman *Niemandszeit*, der mir die Einladung hierher gebracht hat, habe ich das auch versucht. Doch dazu später einige Worte.

Hier ist nun das Problem, vor dem ich stehe, weil die Kultur sich bisweilen entzieht. Zuzeiten wird sie, die Stillere, nur allzu leicht übertönt vom Lauten – dem Politischen. Doch auch in der politischen Geschichte haben wir gemeinsame Wurzeln, die von kleineren Missetaten bis zu kapitalen Verbrechen reichen können. Letztere sollten laut Ziffer 4 der *Deutsch-tschechischen Erklärung* vom 21. Januar 1997 jedoch der Vergangenheit angehören und uns nicht mehr belasten. Unabhängig davon aber, daß sie zum Beispiel in den Traumatisierungen und anderen gesundheitlichen Schädigungen der noch lebenden Opfer des Nationalsozialismus sehr gegenwärtig sind, drängen sie sich immer wieder in den Vordergrund, je lauter wir ihr Abgeschlossen- und Erloschensein verkünden. Und das hängt mit einem Manko der *Deutsch-tschechischen Erklärung* zusammen: Sie sieht eine gemeinsame Geschichte von Tschechen und Deutschen erst ab 1938 und folgt zudem der These des Konsequenzionalismus. Mancher Politiker verfährt, weil es das Einfachere ist, ebenso. Als es um Fragen des Beitritts der Tschechischen Republik zur Europäischen Union ging, erscholl aus Brüssel der Kommisarsruf, daß, auch angesichts der weiterhin in das tschechische Rechtssystem inkorporierten tschechoslowakischen Vertreibungs- und Enteignungsgesetzgebung von 1945/46, nirgendwo ein Problem zu erkennen sei. Ursache – Wirkung. Ja, aber doch auch der Einwand, daß sich Komplexität damit nicht erfassen läßt. *Dafür* wäre – an diesem einen Beispiel wie an anderen auch – der Kulturdialog zuständig.

In dieser Situation war ein völliges Übertönen des Künstlerischen und des Kulturellen durch das Politische zu beobachten. Da saß der deutsch-tschechische Kulturdialog (gleich welcher Nationalität) übertölpelt da und konnte sich nicht helfen. Ich hörte Jiří Grušas Stimme im Deutschlandfunk (beschwörend, oder bilde ich mir das im Nachhinein nur ein?). Die tschechischen Künstler seien nicht nationalistisch, sagte er. Und wir auch nicht, dachte ich, und trotzdem stehen wir alle da wie Dummköpfe. Eine deutsche Tageszeitung bat mich zu jener Zeit um einen Text zum tschechisch-sudetendeutschen Verhältnis und getraute sich nicht gleich, ihn abzudrucken, weil ich von der Enttäuschung sprach, die sich bei vielen, denen an einem Dialog zwischen Deutschen und Tschechen liegt, breitmachte.

Da stehe ich nun vor meinem Problem: Wir haben gemeinsame Wurzeln. Aber mit welchem Enthusiasmus werden sie gelegentlich vergessen, verschwiegen, verdrängt. Und obwohl ich es nicht will, werde ich in die Perspektivenverengung hineingezogen.

Bei Hannah Arendt heißt es:

> Die stellvertretende Verantwortung für Dinge, die wir nicht getan haben, das Auf-uns-Nehmen der Konsequenzen von Dingen, an denen wir vollkommen unschuldig sind, ist der Preis, den wir für die Tatsache zahlen, daß wir unser Leben nicht mit uns allein, sondern unter unseren Gefährten Leben.

Daraus leitet sich eine Frage ab, die jede Generation der jeweils vorangegangenen stellt, um sich selbst einen Ort zu schaffen in der Welt, um sich zurechtzufinden. Die Frage lautet: Was habt ihr getan, und was habt ihr nicht getan? Und diese Frage wird einmal wiederkommen, dann nicht mehr als gestellte, sondern als gehörte.

Die Künste sind zu einem Großteil erfüllt von diesem Fragenstellen. Und sie sind – angesichts verweigerter oder nicht möglicher Antworten – davon erfüllt, selbst Antworten zu suchen, mögliche Antworten. Was heißt dann Kulturdialog anderes, als daß wir von unseren Fragen, von unseren Antworten erzählen? Als daß wir einander Beistand gewähren, wenn in einer Welt der politischen Verkürzungen entweder alles extrem kompliziert ist oder extrem einfach. Nur braucht es dazu die Möglichkeit, zu erfahren, was die Gegenüber im Dialog sagen.

Hier ein Beispiel aus der Praxis des Kulturdialogs. Im Frühjahr 2002 erschien mein Roman *Niemandszeit*. Jorge Semprun sagt, daß die Wahrheit erfunden werden muß. Sie ist nicht eins zu eins aufschreibbar, habe auch ich vom Beginn der Arbeit an meinem Roman gewußt. Also mußte ich eine Kunstwelt schaffen und diese Kunstwelt mit Menschen bevölkern. Das gab mir die Möglichkeit, einen Zustand aufrecht erhaltener Absprachen zu installieren. Der größte Teil der Handlung in *Niemandszeit* ereignet sich am dritten September neunzehnhundertsechsundvierzig. Die Kunstwelt, der nordböhmische Ort, an dem der Roman angesiedelt ist, hört an diesem Tag auf zu existieren, wird, wie andere Orte im Grenzgebiet zu Deutschland, durch die Revolutionsgarde zerstört und geschleift, nachdem diese Kunstwelt vom Frühsommer neunzehnhundertfünfundvierzig an Bestand hatte. Die Deutschen *und* Tschechen, die an diesem Ort angespült worden waren wie Treibgut, sie sind nicht etwa frei von Geschichte, im Gegenteil, aber gerade das versetzt sie in die Lage, noch einmal die Möglichkeit aufscheinen zu lassen, die sich immer hinter den beinahe tausend Jahren tschechisch-deutscher Geschichte in Böhmen verbarg, zuzeiten deutlicher sichtbar, zuzeiten verborgen und zurückgezogen.

Diese Geschichte der Möglichkeiten ist auch unsere Geschichte, die der sogenannten Nachgeborenen, und sie ist, darauf ist zu bestehen, eben *nicht* angetrieben von einem Vernichtungswillen, der zudem immer der anderen Nation zugeschrieben wurde. Es ist darauf zu bestehen nicht nur im Rückblick, sondern auch im Ausblick und gerade angesichts der scheinbar stets vorhandenen Gefahr, die Beziehungen zwischen Tschechen und Deutschen auf die Stufe des Volkstumskampfes der Vorkriegszeit zu bringen.

Vielleicht ist es hinsichtlich dieser Gefahr den Jüngeren aus dem Osten Deutschlands und den Jüngeren aus Tschechien eher gegeben, das Ende dieses Liedes zu erahnen – hinter ihnen liegt eine gemeinsame Totalitarismuserfahrung, liegt die Erfahrung, daß der Mensch als singuläres Wesen in Zeiten von Radikalismus und Totalitarismus nichts zählt, daß er zur Masse reduziert und zum Material wird, das indoktriniert, verbogen, verjagt, vernichtet werden kann, scheinbar ganz nach belieben. Scheinbar – denn den Jüngeren diesseits und jenseits der Grenze ist eine Erfahrung eigen, die ein in Bayern Aufgewachsener nicht unbedingt gemacht hat, nämlich die Erfahrung, eine sich allmächtig und als Weltsystem über Ländergrenzen hinweg erstreckende Diktatur beseitigen zu können. Auch auf dieser *gemeinsamen* Erfahrung, dieser *gemeinsamen Wurzel* ist zu bestehen, wenn manche politische Akteure zum Allzu-Simplen greifen.

Bei Erscheinen meines Romans erfuhr ich von meinem Verlag, daß ein Prager Verlag sich sehr für eine Übersetzung interessieren würde. Zur gleichen Zeit begann im europäischen Haus auf der Etage, wo sich die Appartements Tschechien und Deutschland befinden, der Haussegen schiefzuhängen. Von meinem Verlag erfuhr ich einige Wochen später, daß man in Prag meinen Roman in dieser Situation lieber doch nicht bringen wolle. Später, vielleicht, hieß es. So zieht sich das nun alles hin, und die Übersetzerin, die den Text ins Tschechische bringen möchte, sieht sich weiter nach einem Verlag um. Und andere, auch Tschechen, die sich für das Buch einsetzen, bekommen kuriose Antworten zu hören. Die jüngsten sind, daß man das »sudetendeutsche Thema« nicht zu groß haben wolle und daß sich in Tschechien ja eh nur eine kleine Elite für das Thema interessiere. (An dieser Stelle sei mir gestattet – gewissermaßen als Exeget des eigenen Werks – darauf hinzuweisen, daß mein Roman ja weit über die sudetendeutsch-tschechische Konstellation hinausgeht. Er weist auch auf das europäische Versagen auf dem Balkan hin, ein Versagen, daß darin begründet liegt, daß unter dem Deckmantel des Kalten Krieges und anderer wichtiger Verpflichtungen das Thema *ethnische Säuberungen* über Jahrzehnte schlichtweg kaum interessierte.)

Im Kulturdialog wird also auch mächtig gestottert. Und das wird sich so lange fortsetzen, bis wir uns – es führt kein Weg daran vorbei – mit der gemeinsam verbrachten Zeit auseinandersetzen und das jenseits der Kulissen von kollektiver Schuld und kollektivem Opfer, wie sie auf beiden Seiten nur zu gern aufgebaut werden. Bis das nicht geschehen ist – und es tut weh für beide Seiten –, wird ein zu einem schönen Bogen einladendes Thema wie *Gemeinsame Wurzeln* immer auf diesen einen Punkt hintreiben. Leider.

Der Dichter und Diplomat Jiří Gruša sagte im letzten Jahr in einem Gespräch für die *Frankfurter Hefte*: »Ich habe sehr lange über Wurzeln nachgedacht. Dann kam ich zu einem Schluß: Der Sinn der Wurzeln ist die Verästelung. Sehen Sie sich einen Baum an.«

Das stimmt. *Wir* sind diese Verästelung, die aus den gemeinsamen Wurzeln hervorgegangen ist. *Unsere* Blätter fallen zu Boden, und etwas wird wiederum von den Wurzeln aufgenommen werden. Wenn übereifrige Gärtner nicht alles Laub vorher wegfegen.

(2003)

»Du bist hier nur geboren …«

In Wim Wenders' Film *Der Himmel über Berlin* gibt es eine Szene, da eine Kinderhand in geübter Schrift den Stift über das Papier zieht und die Stimme eines der in diesem Film agierenden Engel aus dem Off das Geschriebene liest: »Als das Kind Kind war, war es die Zeit der folgenden Fragen: Warum bin ich ich und warum nicht du? Warum bin ich hier und warum nicht da?« Das, was im *Himmel über Berlin* von Kinderhand auf das Papier gebracht wird (der Text stammt übrigens von Peter Handke), sind existentielle Fragen. Es sind die Fragen nach Herkunft und Verortung. Wobei beide Fragen den ihnen innewohnenden Möglichkeitscharakter überhaupt nicht zu verbergen suchen, sondern ihn als das geradezu Entscheidende hervorkehren. Es geht in ihnen um das Wegdenken vom Gegebenen und Auf-der-Hand-Liegenden, ein Wegdenken, das erreicht wird durch einen schlichten Eingriff: Man denkt sich, ein anderer zu sein (womit man schon bei Rimbauds *Ich ist ein anderer* angekommen ist), und man denkt sich, an einem anderen Ort zu sein und das nicht nur präsentisch, sondern in die zurückliegende Zeit gelegt.

Vielleicht haben die meisten Kinder von Vertriebenen und Flüchtlingen das gehört, was ich von meinen böhmischen Großeltern gehört habe, als sie mich korrigierten: »Du bist hier nur geboren, zu Hause ist woanders.« Und auch wenn in den Gesprächen der Familie die Rede vom *Zuhause* ging, so war dies ein zweigeteiltes. Es war das in der Zeit Verlorengegangene, aber in der Vergangenheitsform der Erzählung ungebrochen Fortexistierende, und es war das für mich Gegenwärtige, das mich Umgebende. Einerseits steht das Kind – *warum bin ich ich und warum bin ich hier?* – in einem anderen Zuhause als der Großteil der Familie, andererseits wird es beständig (durch Erzählen!) in jenes unbekannte, entfernte Zuhause geholt.

So war Böhmen für mich ein phantastisches Land – von Entfernungen hatte ich noch keine Vorstellung –, ein Land, so schloß ich

26

aus dem Gehörten, das aus bewaldeten Hügeln und Bergen bestehen mußte und das allein durch dieses Äußerliche das Gegenstück war zu dem Flecken Erde in der Leipziger Gegend, auf dem ich großwuchs. Und bis in den hügeligen Dialekt meines Vaters schien sich die von mir vorgestellte Geographie fortzusetzen …

Ich ist ein anderer, sagt Rimbaud, und »das mußt du in der Schule nicht erzählen«, hieß es in der Familie. In der Schule lernte ich (ich habe mir die alten Lehrbücher besorgt und darin nachgeschlagen), daß laut der Potsdamer Erklärung der Siegermächte deutsches Gebiet im Osten unter polnische bzw. sowjetische Verwaltung geriet. Die im Geschichtslehrbuch ausgewählten Stellen der Potsdamer Erklärung waren angereichert mit Klammern und Auslassungszeichen. In der Schule lernte ich nicht, daß auf diesem unter polnische resp. sowjetische Verwaltung fallenden Gebiet Menschen gelebt haben, Menschen, die keine Polen oder Russen waren. Das lernte ich zu Hause – »aber das mußt du in der Schule nicht erzählen.« Erst recht lernte ich in der Schule nicht, daß das neue Westpolen bevölkert wurde mit Vertriebenen – vertriebenen Polen aus dem Osten Polens, der von der Sowjetunion besetzt und der Ukraine zugeschlagen worden war.

In der Schule lernte ich, daß in der Tschechoslowakischen Republik von Präsident Beneš ein Dekret über die Enteignung von Deutschen und Ungarn erlassen worden war. Die Wenigen meiner Schulkameraden, die sich überhaupt für Geschichte interessierten, sahen darin eine Wiederherstellung der Ordnung, denn Deutsche jenseits der Landesgrenzen während des Krieges, das konnten nur Okkupanten gewesen sein und deren Enteignung das Logischste auf der Welt. Und die Ungarn waren ja Verbündete Nazi-Deutschlands; auch da lag die Erklärung auf der Hand.

In der Schule lernte ich Fakten, aber diese Fakten waren unvollständig, denn ihnen ermangelte etwas, was man heute den *menschlichen Faktor* nennen würde. Meinen kindlichen Einwand, den ich in der Schule dann doch einmal vorbrachte, daß ja seit Jahrhunderten Deutsche in Böhmen gelebt hätten und daß diese nach Kriegsende enteignet und nach Deutschland gebracht worden seien (vertrieben werde ich wohl nicht gesagt haben), ließ man nicht gelten, sondern verwies auf die westdeutschen Vertriebenenverbände und die in ihrem Tun geortete Gefahr für die Nachkriegsordnung und für den Frieden. Vom Revanchismus der Sudetendeutschen (da tauchten sie dann doch plötzlich auf, ohne daß es im Geschichtslehrbuch vorgesehen war) und Schlesier und Ostpreußen war die Rede. Um das, was ihnen zu Recht genommen worden sei, wiederzubekommen, so hieß es, würden sie einen Krieg riskieren, und es wäre die Pflicht aller friedliebenden und fortschrittlichen Menschen, sich dem entgegenzustellen. Jörg Bernig, du bist doch friedliebend und fortschrittlich?! Dann ließ für gewöhnlich der geübte historische Sprung nicht lange auf sich warten, mit dem sich die Deutschen in der DDR zu einer der östlichen Brudervölker verwandelten. Dadurch wurden sie aus ihrer nationalsozialistischen Vergangenheit gelöst, verloren aber auch den Bezug zur deutschen Geschichte jenseits von Oder und Neiße. Auf den mir noch erinnerlichen Kommentar, daß auch ich aus einer sudetendeutschen Familie stammen würde und daß in ihr keiner daran dächte, einen Krieg zu führen, um Besitz zurückzuerobern, wurde schon nicht mehr eingegangen.

Irgendwann später erzählte mir mein Klassenlehrer, der in der Jugend zu einem enthusiastischen Kommunisten geworden war, daß er als kleiner Junge die Vertreibung aus Aussig erlebt habe und daß er dies als Strafe für die deutschen Verbrechen betrachte. Damit befand er sich, wahrscheinlich ohne daß er es wußte, im Einklang mit der Majorität der Deutschen in Ost und West, die – offen oder unausgesprochen – die Vertreibung der Deutschen als gezahlten Preis betrachteten. Der mit Vertreibung einhergehende Verlust wurde zu einem kollektiven Opfer aller Deutschen, ohne daß jedoch die Schmerzensspur aus dem Dasein der Vertriebenen kollektive Aufnahme unter der Majorität der Deutschen gefunden hätte. Diese spezifische Erfahrung von Schmerz und Leid blieb den Betroffenen überlassen. Nicht wenige der nicht Betroffenen mögen zudem der Meinung gewesen seien, daß, wenn ihnen solches widerfahren ist, die Vertriebenen wohl selbst schuld an allem gehabt hätten. Was wiederum ermöglichte, eigene Schuld und schuldhafte Verstrickungen zu minimieren. Und so erscheint mir die Aufnahme der Vertriebenen in den alliierten Besatzungszonen weniger als Aufnahme denn als ein von Abstoßungsreflexen begleitetes Dulden. Vielleicht wird man auch die vielgerühmte Integrationsleistung der deutschen Gesellschaft (und ich betrachte hier Ost und West als Gesamtheit) als einen der Gründungsmythen der Nachkriegszeit betrachten und untersuchen müssen.

Die Abwehrreflexe mögen derselben Indolenz geschuldet gewesen sein, mit der während des Krieges viele schon den aufs Land strömenden Ausgebombten begegnet waren. Niemand wird gern an Fehlverhalten erinnert, und möglicherweise liegt hier *eine* Erklärung dafür, warum die Themen Flucht und Vertreibung sowie Luftkrieg über Jahrzehnte hinweg zumeist den geschlossenen Kommunikationskreisen der Betroffenen überlassen geblieben waren. Das schließt die Behandlung des Themas durch Schriftstellerinnen und Schriftsteller ein. Die dennoch darüber schrieben, hatten zumeist eigene Erfahrungen einzubringen und zu verarbeiten.

Die Auseinandersetzung mit dem Thema Vertreibung durch die Betroffenen war den nicht Betroffenen einerseits das willkommene Alibi, sich nicht selbst damit befassen zu müssen, andererseits war es eine Scheidelinie, an der sich (hier verbinden sich Ost- und Westdeutschland abermals) trefflich trennen ließ zwischen fortschrittlich und reaktionär. Letztlich waren mittels dieser dualen Perspektive auch die Fragen von Schuld und Schuldlosigkeit apriorisch und monokausal beantwortet.

Doch der *menschliche Faktor* blieb außen vor. Die kollektive Erfahrung des Heimatverlustes von Millionen Menschen blieb Erfahrung eben nur dieses Kollektivs, das ja keines war, sondern die Summe der verstreut über das geteilte Land lebenden Individuen, die verschiedenen sowie nach und nach verschwindenden Volksgruppen entstammten.

Doch zurück zur Schule und damit zur DDR: Vertriebene gab es dort im offiziellen Sprachgebrauch nicht; es gab Umsiedler, die, so wurde suggeriert, aus ursprünglich polnischen oder russischen Gebieten mit Kriegsende nach Deutschland zurückgeführt worden waren, wenn sie sich nicht selbst vor der Front in Sicherheit gebracht haben. Schwieriger war es mit den Deutschen aus den böhmischen Ländern, ihre Erwähnung wurde, wenn es irgend möglich war, vermieden. Auch der kommunistische Staat gründete auf der Nationalstaatsidee des 19. Jahrhunderts, derzufolge Staatsgrenzen ethnische Grenzen sein sollten. Zudem sollte nach dem Ende der *rassischen Volksgemeinschaft* des Dritten Reiches in der SBZ/DDR eine *Volksgemeinschaft* auf der Grundlage der Klassenzugehörigkeit entstehen. Auf Regionen bezogene Identitäten und Identifikationsmuster konnten dieses Unterfangen nur stören. Die Abschaffung der Länder im Zuge der Gebietsreform in der DDR 1952 zugunsten der besser von der SED zu kontrollierenden Bezirke war mithin auch ein Angriff auf Identitäten und ein Eingriff in hergebrachte Identitätsbildungsräume. Wie sehr dies die Menschen so empfunden haben, belegen die bereits im Herbst/Winter 1989 erhobenen Forderungen nach Wiederherstellung der Länder.

Zwei Formen standen also nebeneinander oder besser: gegeneinander – die Nichtexistenz von Flüchtlingen und Vertriebenen auf dem Gebiet der DDR und familiäre Identitäten sowie die narrative Existenz von etwas, das Heimat oder Zuhause genannt wurde und das sich eben *nicht* am Wohnort befand, welcher sich aber gleichwohl Tag um Tag und Jahr um Jahr weiter und weiter von seinem bloßen Wohnort-Sein entfernte, was nicht zuletzt den Pressionen der SED-Diktatur geschuldet war, die Zuflucht vor ihnen nachgerade heraufbeschworen.

Du bist hier nur geboren, Zuhause ist woanders, sagten meine aus Böhmen stammenden Großeltern, die auf einem Stück sächsischen Bodenreformlandes einen neuen Landwirtschaftsbetrieb aufbauten. Du bist hier nur geboren, Zuhause ist woanders, sagten meine Großeltern, die mit ihren erwachsenen und – wie mein Vater – aus dem Krieg zurückgekehrten Kindern aus Steinen, die von zerbombten Leipziger Häusern herangefahren wurden, Häuser, vielleicht eine Art zu Hause, bauten. Du bist hier nur geboren, Zuhause ist woanders, sagten meine Großeltern, die, als sie sich weigerten, in die Landwirtschaftsgenossenschaft einzutreten, abermals von Haus und Hof vertrieben wurden. Und wenn mein Vater von *daheim* sprach, wußte ich, daß das nicht der Ort war, an dem wir uns befanden. – Um meinen Kindern die Begriffe *ethnische Säuberung* und *politische Säuberung* erklären zu können, werde ich nicht in ferne Gegenden und unbekannte Kulturen ausweichen müssen.

Und doch, es wird auch zu sprechen sein über nationalsozialistische Verstrickungen von Sudetendeutschen, die dazu beigetragen haben, ein Staatsgebilde (ich rede von der ersten Tschechoslowakischen Republik) zu zerstören, dessen radikalsten Vertretern an einem Vorwand gelegen war, die ungeliebten Volksgruppen der Sudetendeutschen und Oberungarn hinter die Staatsgrenzen zu verbannen. Ethnische Homogenität als politische Idee in der Tschechoslowakei führte in ihren absonderlichsten Varianten dazu, den Slowaken den Status als Volk streitig zu machen und der zweitgrößten Bevölkerungsgruppe, den Deutschen, lediglich den Status einer Minderheit und nicht den eines Staatsvolkes zuzubilligen. Die – in der zur Simplifizierung neigenden Politik – beliebte Frage nach der Ursünde im deutsch-tschechischen Verhältnis wird, je nach Standpunkt, entweder mit dem Zeitraum 1938–45 oder mit dem Zeitraum 1945 ff. beantwortet. Beides greift (absichtlich?) viel zu kurz, denn daß diese Zeiten des Exzesses lediglich die Materialisierung der radikal nationalistischen (gleichermaßen deutscher wie tschechischen) Gedanken des neunzehnten Jahrhunderts sind, wird geflissentlich übersehen wie auch das Faktum, daß über sieben-, achthundert Jahre hinweg ein gedeihliches Nebeneinander der Volksgruppen in den böhmischen Ländern existierte. Ich sage bewußt nicht ein Miteinander, was wohl eher der idealisierenden Multikulti-Vorstellung der achtziger Jahre des zwanzigsten Jahrhunderts entspränge. Es träfe die historische Realität in Böhmen nicht, die, so stellt es sich für mich dar, bis zur Radikalisierung politischen Denkens im Zuge der Revolutionen in der Mitte des neunzehnten Jahrhunderts, vielleicht am besten beschrieben werden kann als ein Zustand aufrecht erhaltener Absprachen. Aber auch das sollte fern jeder Idealisierung gesehen werden und unter Betrachtung der Spannungen, wie sie multinationalen Gebilden unter einer fern residierenden Vormacht immanent sind.

Aus der historischen Entfernung sehe ich im *zwanzigsten* Jahrhundert zwei Hauptangriffe auf die deutsch-tschechische Geschichte Böhmens: Es sind radikal nationalistische tschechische Kreise und es sind Henlein und seine Sympathisanten, die – bei aller apostrophierten Gegensätzlichkeit –, betrachtet man das Ergebnis, Hand in Hand arbeiteten.

… Warum bin ich ich und warum nicht du? Warum bin ich hier und warum nicht da?… Ein weit zurückliegender Kindheitstag. Jener Tag, an dem ich zum ersten Mal das Haus, die Felder und den

Garten sah, wo meine Familie väterlicherseits herstammte. Es war im Winter, klare kalte Luft. Zwar waren die Grenzen zwischen Ostdeutschland und seinen östlichen Nachbarn durchlässiger als die Westdeutschlands, aber dicht gesät waren Grenzübergänge nicht gerade. So kam es, daß mein Vater, ein Onkel und ich aus Zeitmangel nicht den weit entfernt liegenden Grenzübergang nach Böhmen benutzen konnten, sondern daß wir über die polnische Grenze nach Schlesien fuhren, um von einem Feld aus über die polnisch-tschechische Grenze auf das nicht weit entfernt im Böhmischen liegende väterliche Anwesen zu blicken, auf den Ort der Kindheit und Jugend meines Vaters, von dem aus er in einen Weltkrieg gezogen war und den er erstmals nach fünfundzwanzig Jahren wieder betreten konnte. Wir standen auf einem gefrorenen Acker, sahen über die Grenze, und die beiden Männer weinten, was sie auf den kalten Wind schoben. Wir sahen das gleiche, aber nicht dasselbe, denn sie sahen in der Zeit zurück, ich sah ganz in der Zeit dieses Augenblicks …

Und nun etwas, das mich bis in die Gegenwart trägt. Ich habe mir schon früh die Durchlässigkeit dieser Grenze zunutze gemacht und bin oft und viel in Böhmen und Mähren unterwegs gewesen. Die Landschaft meiner Vorfahren ist mir vertraut. Ich überschreite zwar eine Staatsgrenze, wenn ich nach Tschechien reise, aber es ist ein Ausland, das ich mit keinem anderen vergleichen kann, denn es gibt Orte und Gegenden, mit denen sich für mich Geschichten verbinden, Orte, an denen ich die Tätigkeit der Meinen ablesen kann, ihre Spuren noch vorfinde. So habe ich auch das Grab meiner Ur- und Ururgroßeltern vorgefunden, auf dem Bauch zwei Meter über ihnen liegend, denn es war über Jahrzehnte zugewachsen. Nach und nach legte ich mit einer Rodung des Grab frei. Als ich das nächste Mal zu diesem Grab fuhr, war der gesamte Friedhof gerodet, war Václav Havels Wort gesprochen, daß es nichts dagegen zu sagen gäbe, Gräber zu pflegen. Ich verstehe das als ein Gespräch, und ich sehe mich in einem Gespräch mit einem mir unbekannten Friedhofsgärtner befindlich, der so alt sein mag wie ich.

Hingeführt zu meiner Erzählung, zu meinem Roman *Niemandszeit*, hat mich all das mit Sicherheit. Den Anstoß, mich schreibend mit dem Thema Vertreibung zu beschäftigen, hat aber das Geschehen auf dem Balkan gegeben, das, was während der 90er Jahre von dort zu uns gedrungen ist in täglichen Meldungen und Bildern, mehr aber noch durch die Erzählungen der Menschen, die der Krieg auch bis nach Deutschland verschlagen hat. Und da fiel mir auf, daß die Erzählungen, die meine Kindheit begleiteten, gleichsam Erzählungen in einer Zeit der Unschuld, Erzählungen einer Zeit vor dem Sündenfall waren. Und es fiel mir auf, daß die Nachrichten und Erzählungen vom Balkan *die* Lükken zu füllen schienen, um die in meiner Kindheit herumerzählt worden ist, die umgangen wurden, die schlicht konstatierend zugedeckt wurden mit Worten wie: als wir rausmußten, als wir hinausgeworfen wurden oder als wir nicht mehr bleiben durften.

Einerseits wollte ich mit meinem Text ins Böhmische gehen, er sollte die Zeit nach dem Krieg beschreiben und in dieser Beschreibung – anders würde es gar nicht gehen, dachte ich von Anfang an – sollte er ein Text sein für alle Böhmischen, gleich ob deutsch oder tschechisch, gleich ob zur Erlebnisgeneration gehörend oder zu den später Geborenen. Andererseits sollte er über das konkrete Beispiel hinausgehen, sollte lesbar sein in anderen Kontexten, sollte eine Signatur des zwanzigsten Jahrhunderts wiedergeben: Vertreibung, Zwangsumsiedlung, ethnische Säuberung. Und da verweisen die gelegentlich auftretenden Verwechslungen des Titels meines Romans – aus *Niemandszeit* wird nicht selten *Niemandsland* – auf etwas Symptomatisches. Natürlich ging es mir um Böhmen und um den Verlust, aber nicht, wie es für mich ein Titel wie *Niemandsland* suggeriert, mit possessivem Unterton. Mein Roman sollte ein Buch werden über die Vertreibung der Deutschen aus der Tschechoslowakei, und gleichzeitig sollte er das Geschichtliche transzendieren.

Das galt es zu fassen jenseits einer Dimension der Fakten, die über Jahrzehnte gesammelt worden sind, jenseits der Fakten, die ich nicht ungebrochen wiedergeben kann, als wäre ich dabeigewesen, als hätte ich erlebt, was mir in Form einer Familiennarration eingepflanzt worden ist, so daß es doch ein Teil wurde von mir. Kurz, es ging um Erfindung und Erzählung. Dies nun führt im besten Fall zum Gespräch.

Eine Musik muß gehört, ein Bild betrachtet, ein Buch gelesen werden, um etwas Seiendes in der Seele und im Kopf eines anderen Menschen zu werden. Die Nationalität spielt zunächst keine Rolle. Es ist dieses Gespräch, das Künstlern obliegt. Unsere gemeinsame – auch antipodische und verheerende – Geschichte läßt uns in Deutschland und Tschechien keine Wahl: wir müssen miteinander sprechen. Und längst findet dieses Gespräch in den Gebieten entlang der Staatsgrenzen auch auf einer Ebene statt, die eine höchst alltägliche ist und die Abwehr von Bedrohungen des Gemeinwesens (gleich ob tschechisch oder deutsch) betrifft, wenn es etwa um Menschenhandel oder Drogen- und Waffenschmuggel geht. Wenngleich ein nach Osten verschwundener Mercedes Benz mehr Aufruhr zu verursachen in der Lage scheint als eine nächtlich im Elbsandsteingebirge oder dem Bayerischen Wald aufgefischte Gruppe von Menschen, sogenannte Illegale.

Das folgende Gedicht entstand 1996/97 und mag eine erste Sondierungsbohrung gewesen sein in den Grund, aus dem heraus ich meinen Roman *Niemandszeit* bezogen habe.

ZWISCHEN DIE ZEILEN GEWORFEN und die laute gelten
                           dort noch am unort
behaust und die alten erzählten mit händen auf
                        tischen in schößen verlornes
herbei für die kinder das sehe ich nun lang nach
                        diesem sehen und
vorm tor taxiert mich jenseits des rhododendrons
                        des im lauf der
erzählung gigantisch gewordnen im sonntagshemd
                        ein skeptischer hausherr
seine frau ordnet hinter der tür noch eben
                        rasch die haare zivilisiert
schütteln wir barbaren kinder einander die hände wie schön
sitzt es sich ein paar hilflose gesten weiter und vor
verlegenheit reiben wir kumpanisch die ellenbogen auf der bank
am haus das irgendwann wem gehörte
das fürwort sonst possessiv läßt sich heute
                        unpäßlich entschuldigen
gebüschwärts läuft die fährte feuchte erde modert
                        verfall von da herüber
nach dem regen sind gewaschen die moleküle in dieser luft

spazieren die toten die kindheitsabende füllten und großmutter
zeigt mir die butterform die bekannt war auf den
                                                    märkten der gegend
ja so mein junge war es
geht schlafen unter wessen dach auch immer morgen
                                                    ist noch ein tag
über der nahen grenze wechseln im dunkeln kaninchen
das gras nicht

Es ist der Wechsel von Sprechen und Zuhören, im Privaten wie
in der Kunst. Dabei ließen sich Gemeinsamkeiten entdecken,
auch traumatische Gemeinsamkeiten. So werden wir ethnische
Säuberungen als eine kollektive mittelosteuropäische Erfahrung erkennen. Deutsche, Polen, Tschechen, Russen, Ungarn,
ja sogar Italiener machten diese Erfahrung während und nach
dem Zweiten Weltkrieg. Bosnier, Kroaten, Serben und Albaner
machten sie (zum Teil abermals) während der neunziger Jahre.
Meine Mutmaßung geht weiter: Weil diese kollektive Erfahrung
während des Kalten Krieges kaum national geschweige denn
international Gegenstand einer wirklichen Auseinandersetzung
geworden ist, weil es nicht ins Bewußtsein der von Vertreibung
und ethnischer Säuberung nicht Betroffenen gelangt ist, daß
Vertreibungen letztlich ein Angriff auf alle sind, auch auf die
Gemeinwesen der – vereinfacht gesagt – Vertreiber, und weil
Westeuropa sich diese fremde Erfahrung erst recht nicht zu eigen gemacht hat, eben darum haben die europäischen Staaten
lange, viel zu lange, paralysiert auf die jugoslawischen Sezessionskriege gestarrt. Es ist nicht zum Gemeingut geworden,
daß die Vertreibung einer bosnischen oder serbischen Familie
im Kern die negative Möglichkeit beinhaltet, daß die Natio-
nalitätenbezeichnungen auch ersetzt werden könnten durch
flämisch, wallonisch, französisch, deutsch, baskisch, korsisch
oder katalanisch. Aus der Geschichte der Vertreibungen wurde
augenscheinlich nichts gelernt, so daß unser jugoslawischer
Teil Europas gezwungen war, diese Geschichte zu wiederholen.
Und die über die schmerzvolle Erfahrung verfügenden Deutschen, Polen, Russen, Tschechen und Ungarn sahen, wie der
Rest Europas nach Amerika schielend, zu.

Die vor kurzem abgeschlossenen und zu einem Regierungsrücktritt führenden Ermittlungen gegen jene niederländische Einheit, die ihre Schutzbefohlenen in Srebrenica den ethnischen Säuberern und Mördern übergab, kennzeichnen paradigmatisch das Verhältnis Europas zu seiner Vertreibungsgeschichte. Wir hätten miteinander sprechen sollen. Vielleicht hätte es genützt. Vielleicht hätten sich die holländischen Soldaten dann nicht an Befehle und Vorschriften gehalten. Schuldlos werden sie nun für immer schuldbeladen in der Geschichte stehen.

Wir müssen miteinander sprechen, weil wir uns sehr genau überlegen müssen – gerade angesichts des Versagens auf dem Balkan während der neunziger Jahre –, was wir nicht nur juristisch, sondern auch moralisch in ein europäisches Gefüge inkorporieren wollen, auch wenn dies nicht expressis verbis, sondern nur duldend geschieht.

Die Künstler sind gefragt, wenn es um Verinnerlichungen fremder Erfahrungen geht, wenn es um Vermittlungen dieser Erfahrungen geht, so daß sie sich in individualisierter Form in den Rezipienten eines Kunstwerkes sedimentieren. Ich muß mich nicht selbst verbrennen, um zu wissen, daß das schmerzt. Es geht um anthropologisches Grundwissen. Wenn dies zumindest ein Zögern beim Griff nach dem Feuer hervorruft, dann ist nicht alles, dann sind aber vielleicht einige gerettet.

(2003)

»ORSCHT MISSN SO FEUOR BLUSN!«

Doas Katzeluch!

1) 'n Katzelocho bramt e Haus.
Doas rachto ungeheuer.
die Flamm kam schun zun Dacho rauß
unds Faulend stoant ei Feuer.

2) Die ganze liebe Nopposchaft,
meistens ei grüne Schorzn,
die schrien und sprangn aus aller Kraft
nei saht ask dan Rouch, dan schwarzn.

3) Rast oak escht n Stoppen ei,
nei de Steune däs sein sackn,
dou schrie und blökt ajedor nei
und henner doat nischt mackn.

4) Wie es denn mit dr Feuerwehr,
läit dos denn heute faln
mor hirt jo guar keji Labm sehr
und guar nischt fun Signaln.

5) Dor Kumbschuster, er ward n kenn
a wunt doach glei dornabn
dar says hallichtn Zuas brenn
und hoto ou doas Labn.

Niemands Welt. Sieben Nachrichten aus Mitteleuropa

Die erste Nachricht

Zugegeben, Mitteleuropa als Thema hat seit einiger Zeit eine gewisse Konjunktur. Aber die Essenz der Frage nach der Existenz von etwas ist ja nicht an die Konjunktur der Fragestellung gebunden. Etwas kann ja auch sein, ohne daß danach gefragt wird, ohne daß sich wer darum kümmert, ja, ohne daß wer darum weiß. Mitteleuropa begegnete mir früh in Form des gleich folgenden Gedichts, aber ich wußte noch nichts von Mitteleuropa, hatte noch nicht einmal dieses Wort gehört. Es begegnete mir noch früher in denen, die in einer Beziehung zu diesem Gedicht standen, die dieses Gedicht überlieferten. Mitteleuropa begegnete mir zuerst in Form meiner Familie, aber ich wußte lange nicht, daß es Mitteleuropa war, das mir auf diese Art begegnete. Wahrscheinlich, weil es von Anfang an um mich herum war, in Erzählungen, Worten und Lauten, erkannte ich das, was mir da begegnete, nicht als Mitteleuropa. Es ist mit dem Erkennen wohl wie beim ungläubigen Thomas. Erst als er die Wunden sah, wußte er, wen er vor sich hatte.

Doas Katzoluch!

Am Katzoluch brannt e Haus.
Doas rachto ungoheujor.
Die Flamm kam schun zun Dacho raus
und 's Kaulend stoant ei Feuor.

Die ganzo liebo Nopporschaft,
mejstens ei grüne Schorzn,

39

6) Dar woar dosh sunst doas muß nor soan,
ömmer du orschto bei en Brando.
Doach heuto morgst a xenemo dar Moan
ses worklich anso Shando.

8) S Moarjonl könmt rei wie vurstorxt
blösst wi a echl Täusl
nei Jessus Maria u Jusef Noppokrumb
buennt Xoapornazes Häusl.
goshnindo namt Each Helm u Gortt,
und springt glei nosh du Sprotro,
eigi mashl ok, hat das ne gohort
nei Jeusses dieso Kötzo.
Und Noppor Kriimb stoand sochto uf
und rogto sish oan Husen
wenns brennt dou ga ist garnscht deuss
orscht missn so Feuor Blasn.

% d kloppt sich seine Solo blank
und dut dr beine pfeifn.
der Helm leid of dr Ufnbank
a däst n oask dorgreifn

Dein Opa

Di große Zwiebeltunke!

Mit ener Fubre Zwäppln kam a
Mann rum Dorfo rei
und wie a su Heim zee feidorto
do luorta ne arscht oa.
% Där Shimml ging su recht an trap
das Pfard doas rannto gaar wie schled
su doaß nor oarscht vun Benn nickt
mi soag

41

die schrien und sprangn aus allor Kraft:
»Nej, saht ock dan Rouch, dan schwarzn«.

»Rast ock orscht 'n Schoppn ei,
nej de Scheune! Däs sein Sachn!«
Dou schrie und bläkt ajedor nei
und kenner doat nischt machn.

Wie es denn mit dr Feuorwehr,
läjt die 's denn heuto fahln?
Mor hirt ja guar kej Labm sehr
und guar nischt fun Signaln.

Dor Krumbschustor, er ward'n kenn,
a wunt doach glei dornabm,
Dar sag's hallichtnluno brenn
und horto ou doas Labm.

Dar woar doch sunst – doas muß mor soan –
ömmer dr orschto bei en Brando.
Doach heuto morgst a remm, dar Moan.
'S es worklich ano Schando.

Dar kloppt sich seino Suhlo blank
Und dut drbei no pfeifm.
Dr Helm leid of dr Ufmbank
A därft'n oack dorgreifm.

'S Moarjanl kömmt rei wie vurstorzt,
blejch wi a Echltäusl.
»Nej, Jesses Marja un Jusef, Noppor Krumb,
brennt Koaspor Nazes Häusl!«

»Geschwindo namt Euch Helm und Gort
und springt glei noch dr Sprezto!
Nej macht ock, hat dr's ne gohort?!
Nej, Jesses, dieso Hötzo!«

Und Noppor Krumb stoand sachto uf
und rogto sich oan Husn.
»Wenn's brennt, dou ga ich garnischt druff.
Orscht missn so Feuor blusn!«

Aus Nordböhmen. Überlieferung: Wenzel Bernig (1900–1988)

Kaulend – Hausgiebel
ei grüne Schorzn – in grünen Schürzen; übliche Arbeitsbeklei-
dung
hallichtnluno –lichterloh
blejch wi a Echltäusl – bleich wie ein Eicheldaus (das Eichelas),
d. i. schlecht aussehen.

(Für Hinweise und Korrekturen bei der Übertragung der hand-
schriftlichen Überlieferung danke ich Herrn Dr. Horst Kühnel,
Tetschen/München.)

———————

Doas Katzoluch! ist ein Mundartgedicht aus Nordböhmen. Es ist
zunächst einmal ein Gedicht, das die K. u. k.-Mentalität von Funk-
tionsträgern karikiert. Ein Gedicht aus der Zeit vor der sogenannten Urkatastrophe des zwanzigsten Jahrhunderts, aus der Zeit,
›als Böhmen noch bei Östreich war‹. Und doch ist mehr darin
zu finden. Es spricht neben allem Spott ja auch davon, daß wir
danebenstehen und zusehen, wenn ein Unglück sich ereignet. Es
spricht für die jeweils davon Betroffenen von der fundamentaler
Erfahrung der Hilfeverweigerung. Nicht lange nach Entstehen
des Gedichtes ist der katastrophale Verlauf des zwanzigsten Jahrhunderts in vollem Gange.
   Mitteleuropa wird nicht selten als Grenzraum gesehen. Seit
je und wirklich seit Menschengedenken trafen und treffen dort
Völker und Volksgruppen aufeinander, denen es in ihren besten
Zeiten gelang, in einem einigermaßen zivilisierten Nebeneinander zu leben. Aber da, wo man zusammentrifft, gibt es eine
Linie oder doch besser einen Raum des Zusammentreffens, in

dem die Grenze zwischen dem einen und dem anderen markiert wird – und das ist gar nicht politisch gemeint. Staatliche Grenzziehungen sind ja nur sehr viel später folgende Ableitungen. Doch auch jedes Individuum benötigt seinen Grenzraum, nicht zuletzt um nach außen hin zu zeigen, wo sein Schmerzensraum beginnt, und um aus dieser Selbsterkenntnis heraus den Beginn von Schmerzens- und Grenzraum beim anderen auszumachen. Um das Eigene zu erkennen, muß ich auch wissen, wo das andere beginnt. Will ich etwas vom anderen wissen, muß mir klar sein, wo das Eigene endet. Auf Mitteleuropa gewendet heißt das: Wenn ich aber vom anderen nichts wissen will, dann offenbart sich der Grenzraum Mitteleuropa nur noch als die eine der ihm immer schon inhärenten Möglichkeiten, zeigt sich bloß noch als Ausgrenzraum Mitteleuropa. Mordekhaj Gebirtig dichtete, als diese katastrophale Möglichkeit Mitteleuropa fest im Griff hatte, das jiddische Lied *Es brennt, Brüder, es brennt!*, in dem es heißt: »Und ihr steht und blickt um euch / mit verschränkten Armen.« Doch dies weist weit über die Zeit des Zweiten Weltkrieges hinaus und bis hin zum europäischen Verhalten am Ende des zwanzigsten Jahrhunderts während der Sezessionskriege in Jugoslawien. Auch Indolenz und Ignoranz gehören zum Leben in Mitteleuropa schon immer dazu. Es brennt, aber wenn das nicht von einer – wo auch immer angesiedelten – höheren Stelle beglaubigt wird (für Jugoslawien war dies mit den USA die letzte Supermacht des zwanzigsten Jahrhunderts), dann wird nichts getan, dann lassen wir es brennen. Es ist das Leid der anderen. »Und kenner doat nischt machn ...«

Die zweite Nachricht

Mein Großvater wurde im Jahr 1900 im Königreich Böhmen geboren, als in Wien noch der alte Kaiser Franz Josef I. auf dem Thron saß. Mein Großvater hatte neben drei Schwestern auch drei Brüder. Ich folge hier ein wenig der Geschichte meines Großvaters und seiner Brüder. Einer von ihnen fiel 1917 im Ersten Weltkrieg in Rumänien. Da war der mittlerweile seliggesprochene Kaiser Karl I. der – sagen wir lieber einmal *vorerst* – letzte österreichische

Kaiser und als Karl III. König von Böhmen. Bis zu seiner Thronbesteigung 1916 war Karl auch Oberbefehlshaber der Truppen in Rumänien. Der Name des Bruders meines Großvaters ist noch immer an dem Denkmal »Zur ehrenden Erinnerung an die Kriegsopfer von Wetzwalde und Kohlige« auf dem Friedhof im böhmischen Wetzwalde zu lesen. Das Dorf heißt nun Václavice. Mein Großvater war selbst auch Kriegsteilnehmer, überlebte den Ersten Weltkrieg im italienischen Udine im Lazarett, die mitgebrachte Malaria warf ihn später jedoch wieder und wieder auf das Krankenlager, so daß es lange Zeiten gab, in denen meine Großmutter den bäuerlichen Betrieb allein führte. Sie seien am Kriegsende einfach nach Hause geschickt worden, keiner habe sich darum gekümmert, wie sie dorthin gelangen würden. ›Der Krieg ist aus! Der Krieg ist aus!‹ hätten die Menschen gerufen. So hat mir mein Großvater das Jahresende von 1918 erzählt. Irgendwo in Serbien, so sagte mein Großvater, habe er seinen Soldatenmantel gegen ein Brot getauscht. Irgendwie sei er dann doch nach Hause gelangt. Irgendwie. Für den Zweiten Weltkrieg war mein Großvater mit seiner Malaria nicht mehr kriegsdiensttauglich.

An seiner Statt wurde mein Vater in den Zweiten Weltkrieg eingezogen. Er kam unverwundet durch, auch mit der Gefangenschaft hatte er Glück, Schotten nahmen ihn gefangen und keine Russen. Als er nach wenigen Monaten entlassen wurde, gab es für ihn kein zu Hause mehr, denn die Vertreibung der Deutschen aus Böhmen wurde mit Kriegsende umgehend vom Plan in die Wirklichkeit umgesetzt. Der damalige Präsident der Tschechoslowakei verkündete, das Land zu ›entgermanisieren‹. Das hat er erreicht. 1946 maß er in einer Ansprache dem Weihnachtsfest jenes Jahres für die Tschechoslowakei eine besondere Bedeutung zu, weil es, wie er sagte, erstmals ohne Deutsche gefeiert werde. Aber was hätte damals auf der Welt weniger Interesse verdient gehabt als das Schicksal der Deutschen, von deren Reich die Weltzerstörung ausgegangen war? Das interessierte keinen – von Přemysl Pitter und ein paar anderen einmal abgesehen.

Das oben zitierte Gedicht ist für mich vor allem *Stimme*. Es ist die Stimme meines Großvaters, den ich als Kind wieder und wieder bat, mir das Gedicht aufzusagen. Ich höre die Vokalfärbung, das offene *A*, ich höre die Diphthongierung, die Dehnungen, die

Kürzungen. Das Gedicht zieht alle die andern böhmischen Stimmen nach sich, die mich je umgaben, ich höre meinen Vater, ich höre den Klang jenes Dialektes aus Nordböhmen, den ich nur in Bruchstücken noch nachahmen kann. Nur ein paar Jahre noch, dann wird dieser Dialekt – wie alle anderen böhmischen Dialekte und ihre Varianten auch – ausgelöscht sein, versunken mit seinen letzten Sprechern. Wir Kinder dieser Sprecher aber haben den Kopf voll von Echos, von Klängen, von Lauten. Der Topf ist voll, doch der Deckel darauf ist festgeschweißt. Ich lese das Gedicht laut, ahme nach, forme, drehe und wende und vergleiche, es mag ganz ordentlich anzuhören sein, aber nie will es mir gelingen, die Sprache, die in meinem Kopf tönt und klingt, nach außen zu bringen. Dieser Teil des Sprachzentrums hat einen Schlaganfall. Es ist ein Ringen ums Wort, ein Ringen darum, das Wort, wie ich es in mir höre, auch nach außen hörbar zu machen, die Laute so zu formen, daß sie denen gleichen, deren Echo in meinem Kopf klingt und klingt. Da ist ein Brodeln im Topf, aber der Deckel sitzt fest, und nichts kann entweichen.

––––––––––

Mitteleuropa also ... Aus unserer gewohnt eurozentristischen Perspektive handelt es sich hierbei um nicht mehr – aber auch nicht weniger! – als um die Mitte der Mitte. Und das ist, bei Lichte besehen, die Mitte der Welt, der Ort, um den sich alles dreht. Ist es da verwunderlich, daß das Städtchen Pausa im Vogtland damit wirbt, »Die Stadt am Mittelpunkt der Erde« sein?

Die Mitte Europas ist gleich die Mitte der Welt. Was sonst?! Im Ersten *Welt*krieg kämpften die Alliierten ja auch gegen die *Mittel*mächte. Daß es fern im Osten ein Land gibt, das dreimal so viele Einwohner wie Europa hat und das sich seit Ewigkeiten als das »Reich der Mitte« bezeichnet, ist für uns hier noch immer ein irgendwie abgelegener Gedanke – trotz Massentourismus, Globalisierung und überwältigendem Warenimport aus jenem Reich.

So können wir getrost einmal annehmen, daß die seit einiger Zeit in Konjunktur stehende Beschäftigung mit Mitteleuropa auch einer zentripetalen Energie entspringt. Niemand will gern Peripherie sein, jeder der nicht wenigen Orte, die die Mitte Europas für sich beanspruchen, will weg von da, vom Rand, von dem, was immer irgendwie in Frage stand und steht, weg aus der Unsicherheitswelt und von dem, worauf immer irgendein Nachbar einen gierigen Blick geworfen hat, wo immer alles durcheinandergewürfelt wurde – die Grenzen, die Herrschaften und ja, auch das und vor allem, die Bewohner. Als wäre nicht gerade dieses Durcheinandergewürfelt-Werden ein, vielleicht *das* Kennzeichen Mitteleuropas! Manchmal aber scheint es, daß das Interesse an Mitteleuropa heute an einem Punkt angekommen ist, wo diese zentripetale Energie in ein Dogma umkippt.

> Mag sein, daß der Karst auch schon vorher ein Gebiet ziemlich mitten in Europa gewesen war. Inzwischen freilich war er erklärtermaßen ein Bestandteil von etwas, zuerst eines Gefühls, dann einer Vorstellung, dann einer Idee, zuguterletzt einer Norm, die ›Mitteleuropa‹ hieß. Diese Norm war im Lauf der Zeit die herrschende geworden – naja, mehr oder weniger, doch eher mehr als weniger –, und dieser herrschenden Norm gemäß gehörte der Karst ohne irgendwelche Sonderstellung wie das ganze ihn umgebende Land zur Einheit Mitteleuropa, oder wozu denn sonst? […] Tag und Nacht fanden auf dem Grund der Karstschüssel Mittelfestivals, feierliche Mittelmessen, Lesungen mitteleuropäischer Autoren, Turniere mitteleuropäischer Mannschaften, Mitteleuropa-Kongresse statt.

Was hier für Peter Handke in seiner *Morawischen Nacht* der Karst, ist für Stefan Chwin in seinem Roman *Tod in Danzig* die Stadt Danzig/Gdańsk. Für Olga Tokarczuk ist es in ihrem Roman *Taghaus Nachthaus* das schlesische Riesengebirge, für Jáchym Topol in seiner *Nachtarbeit* ein tschechischer Winkel. Für Bernhard Setzwein ist in *Die grüne Jungfer* und in *Ein seltsames Land* Mitteleuropa der Bayerische und der Böhmerwald, für Péter Esterházy steht in *Harmonia Cælestis* Ungarn dafür ein. In Christoph Ransmayrs *Morbus Kitahara* ist es das (fiktive) verwüstete Kaff Moor im Schatten eines Hochgebirges. Diese Namen hier nur stellvertretend für die vielen in der Niemandszeit Mitteleuropas verlorengegangenen oder noch immer aktiven Sänger dieser Welt, die mit ihrem Erzählen, zu dem physische wie psychische Dislozierung

47

und kulturelle Devastierung gleichsam der Generalbaß sind, eine Schicht in die Sedimentierungen einziehen, die unter dem Namen Geschichte oder Historie zuweilen mehr verbergen als offenbaren. Gerade indem diese literarischen Erzählungen oftmals auf Regionalem fußen, zeigen sie für Mitteleuropa um so deutlicher das Paradigmatische dieses Raumes, dessen Grenzcharakter gar nicht so sehr an geographischen oder politischen Grenzen augenfällig wird, sondern in den menschlichen Erfahrungen. Dort wird Mitteleuropa in der Tat zum Grenzraum. Landschaft und Raum sind dabei das Behältnis, in dem humane Katastrophen über Jahrhunderte sich nicht nur immer wieder ereigneten, sondern nachgerade zelebriert wurden. Deutlich wird so, daß der Grenzraum in den menschlichen Beziehungen der einen zu den anderen zu suchen ist. Die nicht nur auf die Vergangenheit fixierbare Gewalt ethnischer Flurbereinigungen bricht noch immer in die Gegenwart ein. Auch in die Literatur. Die Gegenwärtigkeit des Vergangenen spukt so z. B. bei Topol als gespenstischer Sudetendeutscher durch den Roman *Nachtarbeit*. Bei Tokarczuk ist es in der Erzählung *Peter Dieter* ein in seine Geburtsgegend zurückkehrender Schlesier, der auf dem Grenzkamm des Riesengebirges an einem Herzanfall stirbt und von polnischen wie tschechischen Grenzern auf die jeweils andere Grenzseite gerollt wird, gleichsam um die deutsche Vergangenheit jener Region loszuwerden. Es scheint fast, als würde die Vergangenheit den Bewohnern Mitteleuropas immer in Gestalt der anderen entgegentreten. Es scheint fast, als wäre Vergangenheit immer etwas Unerwünschtes.

Die dritte Nachricht

Als ich in den achtziger Jahren zum ostdeutschen Militär eingezogen wurde, herrschte in Polen das Kriegsrecht. Irgendwann einmal wurde die Einheit, in der ich als Kanonier Dienst tat, alarmiert. Es herrschte Aufruhr, die gesamte Kasernenbesatzung wurde in Marsch gesetzt, alles, was fahren konnte, rollte aus dem Kasernentor, alles, was sich einigermaßen auf den Beinen halten konnte, war dabei. Zurück blieben wirklich nur die als ›Fußtote‹ Bezeichneten, die, die nicht laufen konnten. Es ging aus einem anhaltinischen Städtchen immer Richtung Osten, bis ich irgendwo Grenzpfähle vor mir sah. Das war an der Neiße, und für mich war klar: Jetzt marschieren wir in Polen ein! Ich war nicht feiwillig in der Armee, weiß Gott nicht …

Polen, na klar! Hatte sich ja abgezeichnet. Großvater im Ersten Weltkrieg, Vater im Zweiten und ich würde wenigstens einen Polenfeldzug mitmachen. Gleichzeitig überlegte ich ernsthaft, im Kriegsfall zu desertieren. Würde mir helfen, daß wir nur zwei Jahre zuvor als Bergbaulehrlinge der Sowjetisch-deutschen Aktiengesellschaft Wismut heimlich Geld gesammelt hatten, damit wir über eine Kirchgemeinde den streikenden Bergarbeitern in Polen Lebensmittel und ein paar Weihnachtsgeschenke für ihre Kinder zukommen lassen konnten? Würde das bei den Polen jemanden interessieren, wenn ich dort in einer deutschen Uniform auftauchte, der man nur zu deutlich ansah, daß sie ein Abkömmling der Wehrmachtsuniform war? Es gab zwei Gründe, die gegen eine Desertion sprachen: Erstens wußte ich, daß bei einem Krieg gegen Polen die Russen von Osten her einmarschieren würden. Wie gehabt also. Daß es bei einer Desertion zu den Polen mithin nur eine Frage der Zeit sei, in russische Kriegsgefangenschaft zu geraten. Zweitens desertieren deutsche Soldaten nicht unbedingt zu den Polen, oder? Tage- und nächtelang hockten wir in den ausgehobenen Stellungen unweit der Neiße und lauschten nachts während der Wachgänge einem kleinen und immer gut versteckten Radio, ob RIAS uns über einen bevorstehenden Krieg aufklären könnte. Uns einfachen Soldaten würde so etwas von den Vorgesetzten zuallerletzt gesagt werden. Es ging dann doch glimpflich aus. Polen blieb uneinmarschiert. Obwohl, wie sich später herausstellte, die Ostberliner Kommunisten in Moskau auf eine Invasion Polens gedrängt hatten. Wir wurden nach einiger Zeit auf irgendeinen Artillerieschießplatz verlegt, waren dort Teil einer größeren Übung, in deren Verlauf es hieß, daß wir beim Versuch, südlich von Wittenberg die Elbe zu überqueren, von einem Atomschlag vernichtet wurden. Das erfuhren wir beim Morgenappell. Daraufhin kehrten wir in die Kaserne zurück. Verdreckt und müde.

Ich hatte für mich noch immer keine Antwort auf meine Desertionsfrage gefunden. Sie mit anderen zu erörtern, verbat sich von selbst. Gemeinsam heimlich RIAS zu hören war das eine, über Desertion zu sprechen war etwas ganz anderes. Wahrscheinlich wäre ich doch desertiert … Wahrscheinlich nicht …

Mitteleuropa als einen Raum, in dem man sich verbergen konnte, gab es nicht mehr, es war abhanden gekommen, es versteckte sich, es schlief wie Dornröschen, es war unpäßlich, es wollte sich uns nicht zeigen, es war verreist … Vielleicht hatte es Mitteleuropa ja auch niemals gegeben? Es gab nur den Osten und den Westen.

Mitteleuropa – was ist das nun? Ist das eine bestimmte Gegend, ein Landstrich, angereichert mit Orten, die zugeordnet werden können oder die schlicht erfunden sind, deswegen aber nicht weniger wahr? Oder ist es ein politisches Konzept des einstigen Newcomers Preußen, von dem sich das österreichische Zentraleuropa damals und bis heute zu unterscheiden trachtet? Oder ist Mitteleuropa nach dem zwanzigsten Jahrhundert zunächst und auf absehbare Zeit nur noch ein fluider Erfahrungsraum, für dessen geographische Fixierung – doch das scheint mir schon zu streng formuliert – sich Namen aufzählen ließen wie: Königsberg, Danzig, Posen, Lemberg, Breslau, Reichenberg, Prag, Eger, Iglau, Preßburg, Wien, Kaschau, Budapest, Fünfkirchen, Hermannstadt, Klausenburg, Temeschburg, Marienburg, Laibach oder Triest. Die Sprache, in der hier die Ortsnamen aufgezählt sind, verweist auf den germanozentrierten Blick. Kaliningrad, Gdańsk, Poznań, Lviv, Wrocław, Liberec, Praha, Cheb, Jihlava, Bratislava, Wien, Košice, Budapest, Pécs, Sibiu, Cluj, Timişoara, Maribor, Ljubljana und Trieste benutzen wir zwar, wenn wir besonders aufgeklärt und politisch korrekt sein wollen oder müssen, daß wir dabei aber auch nur wenig erfassen und so unkorrekt wie nur je noch ganz andere vor den Kopf stoßen, sollen hier nur Lviv und Timişoara verdeutlichen, denn ersteres war und ist für die Polen das an die Ukraine gefallene Lwow, letzteres war und ist für die bis 1945 tonangebenden Ungarn Temesvar, das mit der forcierten Romanisierung Timişoara wurde. Und auch die Ungarn hatten um die Wende zum zwanzigsten Jahrhundert erst die Deutschen als prägende Kraft in Temeschburg ablösen müssen – wenn auch ohne Gewalt.

Die vierte Nachricht

Mein Großvater und seine zwei noch lebenden älteren Brüder erwarteten das Ende des Zweiten Weltkriegs zu Hause, das heißt in Böhmen. Besonders der eine der Brüder sei gegen den Krieg gewesen, habe beim Angriff auf Rußland gewußt und gesagt, wie der Krieg enden würde, er habe gegen Kriegsende gehofft, daß die Russen schnell kämen, damit alles bald vorbei sei. Mit den Russen aber kamen auch tschechische Revolutionsgardisten in das Sudetenland, das im Herbst 1938 auf der Münchener Konferenz – wie von Hitler gefordert – von Großbritannien, Frankreich und Italien in Abwesenheit tschechoslowakischer Regierungsvertreter an das Deutsche Reich gegeben worden war. Die Revolutionsgardisten vertrieben während der von Mai bis August 1945 anhaltenden Phase der sogenannten Wilden Vertreibungen meine Familie. Staatlich organisiert wurden schlußendlich über drei Millionen Sudetendeutsche vertrieben, was als die Korrektur des Münchener Abkommens gesehen wurde und als antinazistische Tat. Unter dieser offiziell geltenden Sinngebung für das Geschehen ging es aber um ethnische Säuberung, denn vertrieben wurden auch die sudetendeutschen Gegner des Nazi-Regimes. Sie durften bei ihrer Vertreibung in sogenannten Antifaschistenzügen allerdings alle mobile Habe mitnehmen. Erst im Jahr 2005 bedauerte eine tschechische Regierung die Vertreibung der sudetendeutschen Nazi-Gegner. Und wer weiß heute schon, daß ein Drittel der tschechoslowakischen Exilarmee in England aus Sudetendeutschen bestand? Ein Drittel – das war auch der Bevölkerungsanteil der Sudetendeutschen in der ersten tschechoslowakischen Republik.

Peter Demetz schreibt, daß die wenigen zeitgenössischen tschechischen Kritiker das Vorgehen nach Kriegsende den »›Gestapismus‹ der Friseurgehilfen« nannten, der »die Kehrseite der ›Schwejkovina‹, oder des Versuchs, sich [während der Nazi-Okkupation, JB] in der Art des braven Soldaten Schwejk durchzuschwindeln« gewesen sei.

Der auf die Russen wartende Bruder meines Großvaters wurde mit seiner Familie ebenfalls über die Grenze gejagt. Nur wenige Jahre darauf nahm er sich das Leben – aus Heimweh, als er nämlich sah, daß er niemals nach Hause, nach Böhmen, würde zurückkehren können, und das obwohl er in Grenznähe geblieben war, von wo er die heimischen Höhenzüge tagtäglich sehen konnte.

Der andere ältere Bruder meines Großvaters wurde nicht vertrieben. Er, der nach der Familienerzählung kein Nazi-Funktionär und auch kein Nazi-Anhänger war, wurde von tschechischen Revolutionsgardisten oder Angehörigen der tschechischen Ostarmee unter General Svoboda oder wem auch immer abgeholt, nach Pankratz in ein Lager gebracht und dort getötet.

———————

War während der Zeit des Kalten Krieges Mitteleuropa vielleicht ein Raum zwischen Ost und West, der letztlich (und wie so oft in der Geschichte) vor allem als militärischer Aufmarsch- und Aktionsraum angesehen wurde, so stellt er sich nun (vgl. den Namensexkurs oben) vielleicht doch eher als ein von Norden nach Süden durch Europa verlaufender Korridor von unterschiedlicher Breite dar, zu dem freilich auch zahlreiche Exklaven gehören. Etwas grob gefaßt läßt sich sagen, daß, bei aller Diversität, die etwa Nationalität oder Konfession mit sich bringen, paradoxerweise ein verbindendes Element in diesem Korridor in *dem* liegt, was die Bewohner dieser Zone voneinander trennte und trennt – es ist die Erfahrung wechselseitiger Mißachtung, Schikanierung, Verfolgung, Vertreibung und Ausrottung. Und da beginnt das, was mit dem Terminus Mitteleuropa doch ins Faßliche geholt werden soll, auf's Neue zu verschwimmen.

Wenn Deutsche mit schlesischem, ostpreußischem, pommerschem, böhmischem, ungarischem, rumänischem etc. Hintergrund vom Grenzraum Mitteleuropa sprechen oder ihn auch nur denken, dann verläuft er eben irgendwo vor, hinter oder mitten durch Ostpreußen, Pommern, Schlesien, Böhmen, Ungarn, Rumänien. Und es ist dies ein Raum, dem wohl keine geographische Entsprechung mehr anhaftet, auch wenn die Flüsse, Seen und Berge wie ehedem vorhanden sind. Wenn etwa die gegenwärtigen polnischen Bewohner Schlesiens sich dem Terminus nähern, dann ist der Grenzraum Mitteleuropa wohl eher das, was sie als *Kresy* bezeichnen, das *Grenzland,* das 1939 von den Sowjets okkupiert und einverleibt wurde und – bei zwischenzeitlicher deutscher Besatzung, die zur Vernichtung der dort lebenden Juden führte – heute und erst einmal auf nicht absehbare Zeit in der Ukraine liegt. Für die nach 1945 aus der Tschechoslowakei vertriebenen Ungarn liegt der Grenzraum Mitteleuropa wohl entlang der Donau zwischen Ungarn und der Slowakei. Für die wenigen in der Slowakei verbliebenen Ungarn aber manifestiert sich der Grenzraum Mittelraum, in dem der eine sich vom anderen abzugrenzen sucht, heute auch in den Geographiebüchern für die Schule. Diese Bücher kennen nur die slowakischen Ortsnamen, die ungarischen werden verschwiegen. Und für die von Tito-Jugoslawien vertriebenen Italiener ist jener Raum wohl vom istrischen Küstenstreifen markiert.

Es ist jetzt noch nicht einmal die Rede gewesen von Bosnien-Herzegowina, dem Kosovo, Kroatien und Serbien. Auch dort wird eine gemeinsame Erfahrung geteilt, die freilich noch so frisch ist, daß sie eben *nur* trennt. Doch neu war die Erfahrung, die während der neunziger Jahre schnell die Bezeichnung *ethnische Säuberung* erhielt, nicht. Eben weil sie nicht neu war und eben weil der Zweite Weltkrieg und die Zeit nach dem Zweiten Weltkrieg zeigen, daß – wird es nur rigoros angewandt – das Modell der ethnischen Säuberung, der Vertreibung, der Zwangsaussiedlung erfolgversprechend ist, scheinen einige Beteiligte im Jugoslawien der achtziger Jahre vehement darauf hingearbeitet zu haben.

Die fünfte Nachricht

Mein Großvater wurde mit meiner Großmutter am 13. Juni 1945 aus der Tschechoslowakei vertrieben. Er sollte der einzige der vier Brüder sein, der eines natürlichen Todes sterben würde. Mein Vater übrigens mußte nicht eigens vertrieben werden, er war dafür ja unabkömmlich in britischer Kriegsgefangenschaft. Als er nach seiner Entlassung versuchte, nach Hause, nach Böhmen, zurückzukehren, ging er gegen den Strom der von dort Hinausgejagten. Durch Zufall erkannte ihn eine Schulfreundin, die ihm sagte, daß die Familie schon sämtlich vertrieben sei, sie wisse nicht, wohin, sie wisse aber, daß die Tschechen meinen Vater töten würden, wenn sie ihn drüben im Böhmischen mit seiner Marineuniform zu fassen bekämen. Sie würden dunkle Uniformen nicht unterscheiden.

Nach langer Irrfahrt und Suche fand mein Vater seine Familie, die Mutter und der jüngere Bruder lagen aber todkrank in einer Klinik. Daß nur die Rückkehr des Sohnes ihr die Kraft gegeben habe weiterzuleben, habe meine Großmutter später gelegentlich gesagt. Und – das füge ich hinzu – wohl auch ihr Gottvertrauen. Meine Großeltern sind ihr Lebtag böhmisch-katholisch geblieben, auch wenn sie in Sachsen in die konfessionelle Diaspora gerieten.

Im Zuge der ›Bodenreform‹ in der Sowjetzone erhielten sie ein Stück (besser: mehrere Flecken) Land. Sie bauten einen Bauernhof darauf, betrieben das, was sie konnten und was ihre – und damit auch meine – Vorfahren seit vielen Generationen in Böhmen auch getan hatten: Landwirtschaft. Die Steine für den Bau von Haus und Stallungen karrten sie dreißig Kilometer weit mit dem Pferdefuhrwerk aus Leipzig heran. Es waren Trümmersteine von bombenzerstörten Häusern. Während der in den fünfziger Jahren einsetzenden kommunistischen Kollektivierung der Landwirtschaft weigerten sie sich, in eine Genossenschaft einzutreten. Das konnte nicht ewig gutgehen, irgendwann mußten sie den Hof verlassen. Da wurden meine Großeltern in Sachsen dann ein zweites Mal von Haus und Hof vertrieben, auch wenn man ihnen diesmal eine lächerliche Summe Geld in die Hand drückte.

Vielleicht ist es doch mehr als nur eine Provokation, den Gedanken zu hegen, daß die erfolgreiche Vertreibungs- und Separierungsgeschichte in der Tschechoslowakei ein Modell für manchen balkanischen Machthaber gewesen ist. Mag sein, daß sich manches da aus dem Umstand herleitet, daß sowohl die Tschechoslowakei als auch Jugoslawien als Kunstgebilde aus dem Ersten Weltkrieg hervorgingen. Das Aufeinander-Losgehen der Nationalitäten in der Tschechoslowakei nach dem Zusammenbruch der Habsburgermonarchie 1918 zielte auf einen monoethnischen Staat ab. Wilsons Doktrin vom Selbstbestimmungsrecht der Völker wurde so interpretiert, daß die Staatsgrenzen entlang ethnischer Grenzen verlaufen sollten. Der Nationalitätenkonflikt ist jedoch ein Erbe des 19. Jahrhunderts und ein von den Radikalen beider Seiten mit weiten Rückgriffen nur zu gern am Schwelen gehaltener. War für die einen die Schlacht am Weißen Berg der Beginn der Unterdrückung, so war sie für die anderen die Wiederherstellung der Ordnung. Waren für die einen die Hussiten nationale Helden, so waren sie für die anderen religiöse Fanatiker und – mit heutigen Worten ausgedrückt – ethnische Säuberer. Lag für die einen der Anspruch auf das Land, in dem sie doch alle lebten, in jener sagenhaften Landnahme durch Urvater Čech, so leiteten die anderen ältere Ansprüche her, weil doch die germanischen Vorfahren der Deutschen lange vor dem Erscheinen der Slawen Böhmen besiedelt hätten …

Die auf das Zusammenbrechen der Donaumonarchie folgende kurze Episode *Deutschböhmens*, das sich als nicht zugehörig zum restlichen Böhmen und Mähren erklärte und einen Zusammenschluß mit der gerade gegründeten Republik Österreich favorisierte, wurde durch den Einmarsch tschechischer Milizen in die Sudetengebiete rasch beendet. Schließlich war der Staatsname *Tschechoslowakei* bereits Programm. Er schloß die nach den Tschechen zweitgrößte Bevölkerungsgruppe, die Sudetendeutschen, von vornherein aus und wies ihr den Platz einer Minderheit zu. Staatsvölker waren die Tschechen und Slowaken und diese waren sich in der ersten Republik einig, den Selbstbestimmungswillen der Deutschen und Ungarn im Land, so weit es ging, einzudämmen. Nach der Errichtung des Protektorats Böhmen und Mähren waren aber nicht nur die sogenannten Reichsdeutschen für die Deportation und Ermordung der in der Tschechoslowakei lebenden Juden und für die Verfolgung von Tschechen verantwortlich. Beteiligt waren daran auch Sudetendeutsche. Ohne Zweifel wurde von Sudetendeutschen mannigfach Schuld auf sich geladen bei der Zerstörung der ersten tschechoslowakischen Republik. Doch nach Kriegsende wurde zwischen den diversen Formen der Schuld nicht differenziert, wurde auch kein Unterschied gemacht zwischen Schuld, Unschuld und Gegnerschaft zum Nazi-Regime. Es galt die Kollektivschuld der Deutschen als festgestellt. Indem man aber auch die Nazi-Gegner vertrieb, wurde offenbar, daß es nicht darum ging, die nationalsozialistisch Belasteten und Gesinnten aus dem Land zu entfernen, sondern das Land von *allen* Deutschen zu ›säubern‹. Diese ethnische Motivierung erhielt durch die Nazi-Verbrechen politische Nahrung, sie reichte jedoch weit über das Jahr 1938/39 zurück, auch wenn bis in die Gegenwart die Vertreibung ausschließlich als eine Folge von Nazi-Okkupation und Protektorat dargestellt wird. Wie andersherum die deutsche Motivierung ethnischer Abgrenzung weit über das Jahr 1918 zurückreicht, nicht erst mit der Gründung der ersten tschechoslowakischen Republik einsetzt und von der Haltung dieser Republik zu ihren deutschen Bürgern provoziert wurde.

Daß aber auch zwei Völker in dem Kunstgebilde Tschechoslowakei zu viele Völker sind, bewiesen Tschechen und Slowaken im Jahr 1993, als sie ihren Staat auflösten, um sich jeweils einen (weitestgehend) monoethnischen Staat zu schaffen. Die wichtigste Botschaft der ethnischen Säuberungen in der Tschechoslowakei nach 1945 aber ist wohl die, daß sie ungeahndet blieben. Weder eine nationale noch internationale Gerichtsbarkeit nahm sich ihrer Aufarbeitung an. Als die alliierten Siegermächte im August 1945 mit dem Potsdamer Abkommen auch den Bevölkerungstransfer der Deutschen aus Ost- und Mitteleuropa beschlossen, waren bereits ca. 1 Million Sudetendeutsche während der sogenannten Wilden Vertreibung außer Landes gejagt. Auch für diese Phase der Vertreibung wird argumentiert, daß sie im Metajuristischen begründet gewesen sei. Die Täter – nennen wir neben der Vertreibung an sich nur Mord, Totschlag, Folter und Vergewaltigung – lebten und leben noch heute in der tschechischen und slowakischen Gesellschaft ihren Lebensabend. Noch nach dem EU-Beitritt der Tschechischen Republik hat das tschechische Parlament einstimmig ein Gesetz verabschiedet, das nur aus einem Satz besteht und besagt, daß sich Präsident Beneš um den Staat verdient gemacht hat. Das hat er. Er hat im englischen Exil die Existenz des demokratischen Staates gewissermaßen in seiner Person verkörpert. Er hat für die Wiedererrichtung der Republik nach dem Krieg gesorgt. Ein Großteil seiner Dekrete befaßte sich eben mit den dafür notwendigen technischen Fragen. Er hat sich verdient gemacht – aber um welchen Preis! Denn er ist auch der Präsident, der die Vertreibung der Deutschen und Ungarn aus der Tschechoslowakei anordnete. Für die einen ist er der geehrte Staatsmann, für die anderen der ethnische Säuberer, der, lebte er heute, vor das Tribunal in Den Haag gehörte. Zwischen diesen beiden Polen erstreckt sich die Wahrheit in ihren millionenfachen Spielarten.

Vom UNO-Tribunal in Den Haag werden nun zumindest die prominentesten oder Haupttäter vom Kriegsschauplatz in Ex-Jugoslawien verfolgt, verlangt die EU vor der Aufnahme von Beitrittsverhandlungen gar die Auslieferung gesuchter Verbrecher. Damit haben die ethnischen Krieger der späten achtziger, frühen neunziger Jahre mit Blick auf die Geschichte des zwanzigsten Jahrhunderts wohl nicht gerechnet.

Die sechste Nachricht

Meine Großmutter starb im Jahr 1968, nur wenige Monate vor der Okkupation der Tschechoslowakei durch Truppen aus der Sowjetunion, Polen, Bulgarien und Ungarn. Die weit verbreitete Meinung daß deutsche Kampftruppen aus der DDR am Einmarsch beteiligt waren, widerlegte die militärhistorische Forschung erst vor einiger Zeit. Es waren wohl nicht viel mehr als ein paar Dutzend Nachrichtensoldaten, die den Fuß auf tschechischen Boden setzten. Das war den Russen wohl selbst zu unheimlich, gerade einmal neunundzwanzig Jahre nach dem Einmarsch der Wehrmacht, Prag abermals von deutschen Soldaten besetzen zu lassen. Da aber die Hoheitszeichen der Okkupationstruppen übermalt waren, hielt und hält sich nicht nur unter Tschechen die Vorstellung, 1968 auf's Neue (auch) von Deutschen besetzt worden zu sein. Das ist nicht weiter verwunderlich, denn die Ostberliner Kommunisten hatten die Tschechoslowakei ja lauthals gewarnt und mit dem Säbel gerasselt. Aber das sind – wie Heimito von Doderer in seinem sehr mitteleuropäischen Buch über den »Bosniakenleutnant Melzer« schreibt – im Grunde alles lauter Gemeinheiten.

Im Frühjahr 1968 starb meine Großmutter, und nur ein einziges Mal ist sie nach der Vertreibung wieder zu Hause gewesen, mit einer (Privatreisen in die Tschechoslowakei waren für

Deutsche lange verboten) von der Kirchgemeinde organisierten Fahrt nach Böhmen, das längst den massivsten Säkularisierungsprozeß der europäischen Geschichte durchlief und heute weitgehend atheistisch geprägt ist. Sie habe vor ihrem Hof gestanden und geweint, weil niemand zu Hause gewesen sei, wurde berichtet. Die Nachfolger auf ihrem Hof waren – das stellte sich später, für meine Großmutter *zu* spät, heraus – zur Feldarbeit außer Haus. Und wieder später stellte sich heraus, daß auch die tschechischen Nachfolger auf dem Bernig-Hof sich gegen die kommunistische Zwangskollektivierung der Landwirtschaft wehrten, einem freien Bauerntum anhingen ...

Mein Großvater hat es, auch nachdem es möglich gewesen wäre, nie über sich gebracht oder vermocht oder gewollt oder all das zusammen, einmal nach Böhmen zu fahren. Er starb 1988, und ich nehme es nicht nur an, ich weiß es: Er starb in der Fremde.

Wenige Monate nach dem Tod meiner Großmutter 1968 hieß es in meiner Familie, daß meine Eltern nach Hause fahren würden ... Das brachte mich durcheinander. Ich war zwar erst vier Jahre alt, aber das weiß ich noch, dieses Gefühl von damals habe ich noch in mir. Vielleicht gerade weil ich erst vier Jahre alt war. Bis dahin mußte ich wohl gedacht haben, daß zu Hause dort ist, wo wir sind. Falsch gedacht. Willkommen in Mitteleuropa! Als mein Vater im Sommer 1968 und nur wenige Wochen vor dem Einmarsch der Sowjets nach Hause fuhr, war es das erste Mal seit 1944. Und für meine Mutter sollte es überhaupt das erste Mal sein, diese immer nur herbeierzählte Heimat meines Vaters einmal selbst zu sehen. Meine Mutter ist die Tochter einer Sächsin und eines Franken, den es in den 1920er Jahren nach Sachsen verschlagen hatte, das damals wirtschaftlich um einige Längen vor Bayern und Franken lag. Seine Geschichte ist die Geschichte des vierten Müllersohnes aus dem *Gestiefelten Kater*. Die Mühle, der Esel und sogar der Kater sind schon vergeben, da galt es, das Ränzlein zu schnüren und das Glück in der weiten Welt zu suchen. Meine Mutter wuchs also selbst in einer Familie auf, in der immer einer fern von dem war, was er *daheim* nannte. Was für Geschichten auch da in diesem Familienzweig!

Die Reiseziele 1968 waren das Riesengebirge, das Isergebirge, Reichenberg. Doch das waren – was denn sonst?! – nur kreisende

Anschleichbewegungen. *Das* Reiseziel war jenes kleine Dorf dicht an der schlesischen Grenze, das in den Erzählungen immer nur *dorheeme* genannt wurde – *daheim*. Je näher sie diesem Ziel gekommen seien, desto stiller sei mein Vater geworden, hieß es nachher. Die Tür zu Haus und Hof war nicht verschlossen und – das sei hier vorausgeschickt – sollte es später auch für mich nicht sein. Dennoch ist hier kein Happy End, ist hier kein allbefriedender Schluß zu finden und herauszufiltern. Die Tür zwar offen, aber alles andere verloren. *Weg!* Doch nicht nur der Besitz, sondern auch das Land, die Landschaft – obwohl doch alles noch vor Augen lag. Weg und verloren, weil mit der Vertreibung das über viele Jahrhunderte gewachsene soziale und kulturelle Geflecht herausgerissen und gerodet worden war. Die Entwurzelung der Vertriebenen wurde aber auch deshalb zu einer anhaltenden, weil die Alliierten nach der Vertreibung darauf bedacht waren, daß sie in Deutschland keine geschlossenen Siedlungsräume, keine Spiegelkommunen und -regionen bildeten. Neugablonz/Kaufbeuren ist da die Ausnahme, aber der Grund dafür war schlicht ein ökonomischer, es ging um die Nutzung des Wissens der Gablonzer Glasindustrie. Und in dieser Verstreuung trocknen die letzten Reste der böhmischen Dialekte nun gleichsam aus, Sprechergruppen haben sich nicht neu gebildet, die Sprache blieb am einzelnen haften, ging nicht auf die Nachfahren über, sie stirbt mit dem einzelnen.

Einige Jahre nach jenem für mich *so* konnotierten Jahr 1968 krabbelte ich in Mähren aus einem Ferienlagerzelt. Es sollte Fußball gespielt werden. Ich krabbelte aus dem Zelt und trug zufällig eine weiße Turnhose und ein rotes Trikot. Da wurde ich kurzerhand der Mannschaft der Tschechen und Slowaken (denn auch von da waren einige Kinder für die Ferien nach Mähren gekommen) zugeschlagen … Wieder einige Jahre darauf durchwanderte ich mit meinem Freund den Böhmerwald von Nord nach Süd. Neben dem Umstand, daß wir uns Jahre später eingestanden haben, daß einer nur auf den andern gewartet hat, daß er das Zeichen gebe, über die Grenze (DIE GRENZE!) nach Bayern zu entkommen (um dabei wahrscheinlich von einem tschechischen Grenzer erschossen zu werden?!), neben diesem Umstand also begegnete ich dort mit 17 Jahren Adalbert Stifter. Nicht erschossen zu werden und die Stifter-Begegnung sind zwei bis heute fundamentale Umstände für mich.

Mitteleuropa ist durchzogen von tiefreichenden, teils jahrhundertealten Rissen. Es ist dies eine Welt, die außerhalb des Augenblicks in der Tat niemandes Welt zu sein schien und scheint. Alles fließt … Dennoch erscheinen bei genauerem Hinsehen in allen den hier genannten mitteleuropäischen Regionen die – allen gemeinsamen – Epochen und Formen der Kultur oftmals wie Wundklammern und Verbände. Das Barock etwa ist eben auch in seinen österreichischen und preußischen Ausprägungen immer noch barock. Eine Kirche ist eine Kirche, auch wenn der orthodoxe Ritus in Rumänien sich beträchtlich vom evangelischlutherischen in Sachsen unterscheidet. In der Anlage der Städte und Dörfer in diesem Korridor Königsberg – Triest liegt uns eine Semiotik vor, die von Europäern ohne weiteres gelesen und gedeutet werden kann: Markplatz mit Rathaus, Kirche und den in die Himmelsrichtungen davonstrebenden Straßen, angelagert um diesen Kern die – mehr oder weniger großen und alten oder jungen – Stadtbezirke, die mit ihrer Architektur wiederum von gemeinsamen Kunstepochen erzählen, gefolgt von Vorstädten, Randzonen und Übergangswelten ins Offene. All das ist nur ein Weniges, ein Alleralltäglichstes und Übersehenes vielleicht, aber es gehört zu dem Rahmen, der um die mitteleuropäischen Entzweiungen liegt und scheinbar ungerührt die Katastrophen in seinem Inneren geschehen läßt.

Das hier fragmentarisch Vorgebrachte ist nur ein Fingerzeig auf einen Raum, der fern jeglicher Multikulti-Projekte stets seine eigenen Realitäten hervorbrachte, die sich oft auch von denen der Kerngebiete der einzelnen Staaten, die einen Anteil an diesem Raum haben, ohne dabei notwendigerweise Teil dieses Raums zu sein, unterschieden und unterscheiden. Was weiß man zum Beispiel in Hessen – einer der wenigen deutschen Binnen-Regionen – von den hier verhandelten historischen Berührungserfahrungen? Das, was sich andernorts als eine jahrhundertealte ethnische (Konflikt-)Lage darstellt, ist in Hessen ein vergleichsweise junges Phänomen. Einerseits werden dort ganze ethnische (Zuwanderer-)Milieus wegen ihrer kulturellen Andersartigkeit von der deutschen Mehrheitsgesellschaft ausgeschlossen, andererseits schließen sich diese Milieus selbst oft durch ungenügende

Kenntnisse des Deutschen aus dem Bildungstransfer aus. Beide Ausgrenzungserscheinungen verhindern aber eine schichtendurchdringende Verankerung in der Gesellschaft oder sie erschweren sie zumindest. Hinzu kommen ideologische Konstellationen, wenn etwa der türkische Ministerpräsident im Jahr 2008 bei einer Massenveranstaltung in Köln die in Deutschland lebenden Türken aufruft, sich von der deutschen Gesellschaft abzugrenzen. Wie gesagt, all das ist für Hessen ein vergleichsweise junges Phänomen bzw. es wird uns von manchen Politikern und Akteuren der öffentlichen Meinung als eben ein junges dargelegt – als gäbe es in Mitteleuropa nicht seit über eintausend Jahren einschlägige Erfahrungen. Führen die diesbezüglichen Analogien, die sich in Mitteleuropa beobachten lassen, auch nicht zur Deckungsgleichheit, so sind sie bei aller Ausdifferenziertheit doch nicht von der Hand zu weisen. Es gäbe historische Erfahrungen zu beerben, dennoch tun wir nicht nur in Hessen so, als machten wir im ethnischen Neben-, Gegen oder auch Miteinander gerade völlig neue Erfahrungen.

Der schwerfällige Umgang mit historischen Erfahrungen ist jedoch keine hessische oder deutsche Besonderheit. So scheint man heute auch in Mittelböhmen wenig von der Art der Konflikte zu wissen, die in den Sudetengebieten Tschechiens zwischen den dort seit drei Generationen ansässigen Tschechen und Roma existieren, die sich nach dem Ende des Zweiten Weltkrieges ja nicht immer freiwillig in jenem leergeräumten Landstrich angesiedelt hatten. Wahrscheinlich weiß man heute nicht viel mehr als das, was vor einigen Jahren Schlagzeilen machte, als in einer Straße von Ústí nad Labem/Aussig an der Elbe eine Mauer errichtet wurde, um die Ethnien, um Tschechen und Roma, zu trennen. Für die einen war die Mauer eine Lärmschutzwand, für die anderen eine Ghettomauer. Immer geht die Blindheit gegenüber historischen Erfahungen einher mit einer den anderen entgegengebrachten Trägheit des Herzens. Während der Balkankriege wurde sie für alle auf eine Weise sichtbar, mit der in Europa niemand mehr rechnen wollte.

Grenzraum bedeutet im mitteleuropäischen Kontext demnach nicht in erster Linie Staatsgrenzen. Diese waren und sind ja auch mit einer Mobilität versehen, so daß immer wieder neue

Räume generiert wurden und werden. Denken wir nur an das Verschwinden Polens von der politischen Landkarte, dann an sein Wiederauftauchen, dann an seine Westverschiebung um gleich mehrere hundert Kilometer! Denken wir an die deutschen staatlichen Erscheinungsformen vom Heiligen Römischen Reich Deutscher Nation bis zum gegenwärtigen Deutschland. Denken wir an die Schrumpfungsprozesse, denen im letzten Jahrhundert Ungarn und vor allem Österreich unterworfen waren. Denken wir an die Sezessionskriege in Jugoslawien, dessen Staatlichkeit wie die der Tschechoslowakei 1918 aus dem Untergang des österreichisch-ungarischen Vielvölkerreiches hervorgegangen war. Beide Kunstgebilde haben sich auf je verschiedene Weise, aber doch mit großen Ähnlichkeiten, als nicht haltbar erwiesen. Der Traum von der ethnischen Abgrenzung war zu verlockend. Und so ist die Geschichte Mitteleuropas über weite Strecken eine Konfliktgeschichte, das dürfen wir nicht vergessen, auch wenn wir gegenwärtig in ruhigeren Zeiten leben, die aber nicht so ruhig sind, daß nicht allenhalben alte Reflexe zu beobachten wären.

Das Fließen der Grenzen, ihre Verschiebung, ihr Verschwinden verweist darauf, daß die eigentlichen Grenzen in Mitteleuropa in den Menschen und ihren Gemeinschaften zu suchen und zu finden sind. Die oben genannten Schriftsteller von Chwin bis Topol sprechen in ihren Werken ja von diesem Erfahrungsraum, er wird in ihren Werken zum Erzählraum. Darin erscheint dieser sich von der Ostsee bis hinunter zur Adria erstreckende Raum nicht selten als eine Zone der Devastierung, als ein jahrhundertealter Schmerzensraum, in dem es immer wieder darum ging, die *anderen* loszuwerden, wenn möglich mitsamt ihrer Kultur. Eine Besichtigung dieses sich von Nord nach Süd erstreckenden Landstreifens wird eben das bestätigen. Es ist ein Streifen, in dem massenhaft Ortschaften geschleift wurden. Es ist ein Streifen, in dem die Erinnerungsorte der anderen zerstört wurden. Es ist aber auch ein Streifen – und das unterstreicht die darin einst wütende und heute vielleicht bloß unterdrückte Zerstörungsenergie nur um so deutlicher –, in dem besonders seit dem Sturz des Kommunismus zwar nicht flächendeckend, aber wenigstens punktuell Versuche unternommen werden, die kulturellen Beiträge ›der anderen‹ zu erhalten oder wiederzuerrichten. Nennen wir hier nur in nicht allzu ferner Umgebung die neue Synagoge in Dresden. Nennen wir nur die Rekonstruktion Breslaus und das Besinnen der Stadt auf ihre polnische *und* deutsche Geschichte. Oder das für die Stadt Ústí nad Labem/Aussig an der Elbe geplante Museum für die Geschichte der Deutschen in Böhmen.

Die siebente Nachricht

Hoch über dem Dorf betrete ich durch ein sperrangelweit festgerostetes schmiedeeisernes Tor den Friedhof. Ich schlage mich durch Gebüsch, durch Wucherungen. Ich liege auf dem Bauch auf dem Grab meiner Ur- und Ururgroßeltern. Der Friedhof von Wetzwalde, von Václavice, ist lange zuvor geschändet und verwüstet worden, danach der Wildnis anheim gefallen. Die Kirche, die bis in die 60er Jahre dort gestanden hat, geschleift. Das Schleifen von Kirchen und Ortschaften ist eine aus dem Dreißigjährigen Krieg bekannte Praxis, nach dem Zweiten Weltkrieg wurde sie im böhmischen Grenzland angewandt, um dort eine Sicherheitszone zu schaffen. Besonders im Böhmerwald, entlang der Grenze zu Bayern, fielen dieser Praxis etliche Orte zum Opfer. Neben dem Eingangstor zum Friedhof liegt noch heute ein behauener Stein, den ich auf einem kleinen Ölgemälde meines Vaters als die Kirchturmspitze, auf der das Kreuz befestigt war, identifizieren kann. Mit der Kirche sind zahllose Gräber verschwunden. Die Kapelle, das Leichenhaus, besteht aus nichts als vier Wänden, vom Dachstuhl keine Spur mehr.[1] Das Denkmal für die Kriegsopfer von Wetzwalde und Kohlige, für die Toten des Ersten Weltkrieges, ist von Efeu überwuchert. Und doch, so scheint mir, ist es von dieser Überwucherung geschützt worden. Aus dem aufgeschossenen Grün davor ragt hoch ein rostiges Kruzifix auf. *Staette des Friedens* ist auf seinem Kalksteinsockel zu lesen. Es ist eine Brennessel- und Brombeerwelt, in die Schneisen lediglich geschlagen wurden, um zu den wenigen nach der Vertreibung und Neubesiedlung an-

---

1 Im Jahr 2013 begann die Rekonstruktion der Kapelle, die die alten Wetzwalder das Totenhäusel nannten. Ein neuer Dachstuhl trägt ein schiefergedecktes Dach.

gelegten tschechischen Gräbern zu führen. Irgendwann haben die Neusiedler wohl damit begonnen, ihre Toten auf dem Friedhof der nächstgelegenen Kleinstadt zu beerdigen, so daß die tschechischen Gräber auf dem Friedhof von Wetzwalde/Václavice wirken, als seien sie die Hinterlassenschaften der ersten Expedition in die fremde sudetenländische Welt.

Auf dem Bauch also, zwei Meter über meinen Vorfahren. Rodungsversuche. Im Jahr 2000 ist der Friedhof von der Verwaltung dann tatsächlich freigelegt worden, die Bäume abgesägt, an Ort und Stelle die Äste geschreddert, die Büsche herausgerissen. Tagelang grabe ich Wurzelstöcke aus den wenigen Quadratmetern Familiengrab aus. Die Grabplatte auf dem Grab (der Gruft?) einer entfernten Tante liegt noch immer schief. Vielleicht waren das Grabräuber während der großen Raubzeit nach Kriegsende. Ich versuche, die Platte in ihre vorgesehene Position zurückzuhebeln, das Grab zu schließen, und stehe unversehens da mit einem Knochen in der Hand. Er sieht aus wie ein Oberarmknochen. ›Pardon, Tante Julie! Ich bin nur gekommen, um …‹ Ja, was *um*?? Ich bette den Knochen zurück in das Grab, rode weiter. Wenn ich mich strecke, sehe ich hinüber zum Höhenzug des Jeschkengebirges, ein Bussard schreit in der Hitze über mir. Ich puzzele mit den aus dem Boden gegrabenen Stücken das Kreuz zusammen, das vom hohen Giebel des Grabtriptychons gefallen ist. Neben dem Grabstein steckt ein Messer in der Erde, wie man das auf Friedhöfen des öfteren finden kann. Zum Blumen Kürzen, zum Unkraut Herausstechen. Seit mehr als sechzig Jahren steckt es dort, und vielleicht war es meine Großmutter, die es dort hingesteckt hat. Damals, als sie ungefähr so alt war wie ich jetzt hier auf dem Friedhof. Das nächste Mal würde ich Farbe mitnehmen müssen, um den niedrigen gußeisernen Zaun, der die Grabstelle umfriedet, zu streichen! Dem ist zwar die Tür abhanden gekommen, aber das ist sie allen anderen – noch vorhandenen – Grabstellen auch …

Einige Monate darauf kehre ich mit Farbe und Pinsel zurück, aber neben der Tür fehlt nun auch ein Zaunsfeld in der Grabeinfassung, es ist herausgerissen und verschwunden. Das war klar, ich hatte es hier mit einem Musterbeispiel nonverbaler Kommunikation zu tun. Eine Botschaft für mich und meinesgleichen. Willkommen in Mitteleuropa!

Die verwüsteten Friedhöfe – gleich wo, gleich wessen Friedhöfe – sind nichts als ein immer und immer wiederholter Versuch, die Erinnerungsorte der jeweils anderen, ihre letzten Merkzeichen, auszumerzen. Tot ist nur, wer vergessen ist. Tot ist nur, wer kein Grab mehr hat. Tot ist, wessen Name verschwunden ist. Da ist er also, der Grenzraum in Mitteleuropa. Zwei Meter über einigen meiner Vorfahren, inmitten eines verwüsteten Friedhofs im Dreiländereck von Tschechien, Polen und Deutschland. Immer zwei Meter über irgend jemandes Vorfahren. Ostpreußen, Galizien, Böhmen, Bosnien, Kosovo. Dieser Streifen Ostsee – Balkan, den wir mit dem Terminus Mitteleuropa zu fassen versuchen, den wir für die Mitte der Mitte halten und der doch nichts als eine Allerweltsgeschichte ist. Und das wird dieser Grenzraum wohl noch am Sankt Nimmerleinstag sein. Dazu noch einmal ein Wort Peter Handkes aus der *Morawischen Nacht*:

> […] nun waren welche aus dem einstigen Zweitvolk in ihre Gegend zurückgekehrt, wenn auch nur für einen Besuch hier […] Und hier, das war der Platz ihres früheren Friedhofs. Von diesem keine Spur mehr. […] Begräbnisstätte auf dem Plateau hoch über dem längst-und-wohl-für-immer-Ein-Volk-Dorf. Die, hm, Ausgesiedelten und nun tatsächlichen Aussiedler hockten im Abstand zu den Grabsteintrümmern, dort, wo nichts war.

Im Erzählraum also wird dieser Raum ein zweites Mal Realität, wird dort zu einer die Zeit durchdringenden poetischen Wirklichkeit. Doch genau diese bietet die Möglichkeit der Transzendierung des Verworrenen und vielleicht auch Verworfenen. Das ist möglicherweise der einzige Ausweg – zumindest für diejenigen, die eines Auswegs bedürfen. Für diejenigen, die herauswollen aus der mitteleuropäischen Niemandszeit, für diejenigen, die versuchen, dort, in jener Welt, die immer schon niemandes Welt war und immer niemandes Welt sein wird, die Nebelstangen zu finden.

Aber das sind alles höchst subjektive – was sonst?! – Nachrichten aus Mitteleuropa. Doch im Austausch dieser Art von Nachrichten mit anderen scheint zumindest kurz die Möglichkeit auf, daß im Subjektiven sich zugleich Paradigmatisches von

Mitteleuropa erzählen läßt. Vielleicht besteht Mitteleuropa aus nichts weiter als aus Momenten des Wiedererkennens.

Am 13. Juni 2005 – auf den Tag 60 Jahre nach der Vertreibung meiner Familie aus Böhmen – traf ich einen tschechischen Freund in Prag, um mit einem Essen ein klein wenig das Erscheinen der tschechischen Übersetzung meines Romans *Niemandszeit* zu feiern. Wir saßen beisammen, und es war eine wahre, wenn auch andere, *Čas nikoho*. Später schaute ich allein vom Laurenziberg über die Stadt. Trank, wie man das in Böhmen so tut, *Tureckou kávu* – aufgebrühten Kaffee. Dachte – was ich sonst nicht oft tue – an Brecht, an sein *Lied von der Moldau*. »Die Nacht hat zwölf Stunden, dann kommt schon der Tag.« Ein mitteleuropäischer Ausflug …

Herrlich dann die Eisenbahnfahrt entlang der Moldau und Elbe, und noch vor Sonnenuntergang war ich wieder bei meiner Frau und meinen Töchtern. Und in unserer kleinen Familie fließen die sächsisch-badischen Erzählstränge meiner Frau zusammen mit meinen böhmisch-sächsisch-fränkischen Erzählsträngen. All das an der Elbe. Was für Geschichten!

Im Jahr darauf starb mein Vater, und ich machte mich wieder einmal auf den Weg nach Böhmen, stand vor dem Hof meiner Vorfahren, und natürlich wurde mir – wie auch vorher schon – geöffnet. Die beiden alten Bewohner – Tochter und Schwiegersohn jener Neusiedler von 1947 – füllten mit mir im Kindheitsgarten meines Vaters das fest zur Sepulkralkultur von Flüchtlingen, Vertriebenen, Transferierten und Ausgewanderten gehörende Säckl Heimaterde. Dann pflückten wir Äpfel von dem sehr alten Baum, den sie *Bernig-Renata* nannten; es ist der letzte Baum, den mein Großvater vor der Vertreibung gepflanzt hat. Da war mein Vater schon im Krieg. Wir pflückten auch Äpfel vom ersten von ihrer Familie gepflanzten Baum – Sorte *Rubin*. Saßen dann vor dem Haus in der nachsommerlichen Abendsonne eines sehr schönen Septembers, gingen durch das winzigkleine Dorf, vorbei an der verfallenen Kapelle, schauten bei der Ausbesserung eines alten Umgebindehauses zu, standen im Gegenlicht vor dem Kruzifix am Wegesrand und luden die Äpfel und die Erde in den Kofferraum, bevor ich losfuhr, um meinen böhmischen Vater in Sachsen zu beerdigen.

(2008/09)

»NON DISPARARE!«

Es geht auf zehn an einem hellichten Vormittag in Timişoara/
Rumänien. Die Hauptstadt Bukarest liegt fünfhundert Kilometer südöstlich, noch weiter das Schwarze Meer, nur eine halbe
Autostunde entfernt aber Serbien, nicht viel weiter Ungarn. Das
Hotel befindet sich in einer Seitenstraße, an ihrem südlichen Ende
überragen die Türme zweier dicht beieinander stehender Kirchen der Orthodoxen die Dächer. Das Hotelrestaurant ebenerdig,
das Frühstücksbüfett wie überall, und der Blick geht vom Tisch
gemächlich über die Straße hinüber zu einem kleinen baumum-
standenen Platz mit Tischtennisplatte, Klettergerüst und vielen
Bänken, auf denen sogar schon um die Morgenstunde einige Alte
versammelt sitzen. Im Restaurant wird der Kaffee gereicht, der
Duft aus den kleinen Tassen durchzieht handstreichartig den ganzen Raum. Draußen stützt sich jetzt ein Mann mit der Linken an
einem Baum des Platzes ab, pißt ausdauernd und lange unter den
Augen der Alten auf den Bänken, die sich in ihrem Gespräch aber
nicht stören lassen. Ein Rinnsal fließt über den Gehweg zur Straße
hin, der Mann schüttelt sich nun gründlich ab und stakst davon.

Die Stadt muß einmal prächtig gewesen sein, das läßt sich anhand
der schattenhaften Spuren ihrer Gebäude erahnen. Einzelne re-
staurierte Häuser durchschlagen den allgegenwärtigen Verfall
wie ein heller Schmerz und machen alles nur noch schlimmer.
Wenn nichts geschieht, dann bleiben der Stadt vielleicht noch
zehn, fünfzehn Jahre, und sie bricht von ganz allein zusammen.

An der Piaţa Victorie steht vor den Schaufenstern eines Schuh-
geschäftes ein Mann, vor sich auf dem Trottoir hat er eine Waage, wie sie sonst nur in Badezimmern anzutreffen ist. Der Mann
wartet, ohne einen der Passanten anzublicken, er schaut auf die
Waage zu seinen Füßen, mit seiner rechten Hand faßt er gelegentlich in die Jackentasche und streut den Tauben, die vom rostfreien

Stahlkreuz für die Märtyrer der Revolution von 1989 angeschwebt kommen, Sonnenblumenkerne hin. Ein Stück entfernt nur säugt – ein Geschenk Benito Mussolinis an die Stadt – auf einer Säule die Wölfin Romulus und Remus, und sie kümmert sich nicht um das Geschehen unter ihr.

Es ist gut, in einer Stadt wie dieser einen Begleiter zu haben, denn wer nicht von da stammt, wird augenblicklich als Fremder erkannt und zum Ziel für fliegende Händler, Bettler, Prostituierte. Am hilfreichsten ist es da, in Bewegung zu bleiben, zu laufen, die Straßenseiten zu wechseln, zu schauen und sich so ein Bild zu machen, um dann nach einigen Tagen den Schritt verlangsamen zu können. Mein Begleiter erzählt, daß in seiner Basketballmannschaft – denn Basketball werde in Rumänien gern gespielt –, daß in seiner Mannschaft ein Bosnier spiele, seit fünfzehn Jahren könne er nicht nach Bosnien zurückkehren, und in derselben Mannschaft spiele auch ein Serbe, in der Stadt gebürtig und ansässig, zu Zeiten der Balkanischen Kriege während der neunziger Jahre aber immer wieder für Wochen und Monate verschwunden. Ein Söldner wohl, sagt mein Begleiter, demgegenüber der Serbe einmal seine Fallschirmjägerausbildung in der rumänischen Armee erwähnt hatte. In der Mannschaft verstünden sich der Bosnier und der Serbe aber prächtig, sie sprächen viel von früher, von damals, als Marschall Tito noch nach dem Rechten gesehen hätte.

In der Innenstadt von Timişoara an allen Ecken Bettler, die, wenn sie Gliedmaßen verloren haben, die Prothesen nicht verstecken, sondern das Hosenbein, den Jackenärmel aufrollen, um ihre einzige Erwerbsquelle vorzuzeigen. Zum Verfall kommt die Armut. Ein Beinloser kreuzt mit seinem Rollstuhl auf dem Platz vor der Oper wie mit einem Segelschiff vor dem Wind, er hält die Hand hier auf, dann da, er spricht an, wird angesprochen, bekommt einen grünen Zehntausender aus plastikartigem Papier zugesteckt, nicht einmal dreißig Cent sind das. Vom anderen Ende des Platzes, des Corsos, schlägt zu jeder vollen Stunde etwas blechern die Glocke der orthodoxen Kathedrale, eben jener Kirche, die vor den Schutz suchenden Demonstranten, als die Geheimdienstler Ceauşescus im Dezember 1989 auf sie schossen, ihre Tore verschloß. Auch wenn sie die Kirche am folgenden Tag geöffnet hätten, habe die Stadt das den Priestern noch lange nicht vergessen, sagt mein Begleiter. Auch wenn man sonntags zahlreich zur Kirche gehe. Auch wenn alles nun schon so lange zurückliege.

Der Kathedrale gegenüber blitzt das rostfreie Kreuz für die vor der Kirche Erschossenen. Gleich daneben steht beim Schuhladen noch immer der Mann mit seiner Waage, auf die keiner steigt, er schaut zu Boden, füttert nebenher die Tauben.

Um die Ecke und nur wenige Schritte in Richtung der Brücke über die Bega wartet ein Bus, gelb, ein ungarisches Fabrikat der achtziger Jahre, Marke *Ikarus*. Wartet überfüllt mit offenen Türen, durch die der Dieselqualm des laufenden Motors ins Innere dringt. Vor einer der Türen hockt ein Junge von ungefähr zwölf Jahren auf dem Bordstein. Er ist mit Sicherheit schon seit langem nicht in einer Badewanne, unter einer Dusche oder auch nur in Wassernähe gewesen. In seiner rechten Hand hält er eine Zigarette, in der linken eine Plastiktüte, da steckt er die Nase hinein, riecht, versucht aufzustehen, die Beine wollen nicht gehorchen, sein Kopf beginnt zu wackeln und auf dem Hals zu zucken.

Harry W. Morgan, USA, Fulbright Professor und Ehrenbürger von Timişoara, nennt die Stadt einen Augenschmaus – *a feast to the eye*.

Nur ein paar Minuten Fußweg sind es von der Bushaltestelle an der Brücke bis zur Opera Romana und dem gegenüberliegenden Restaurant *Club XXI*, wo gerade eine Bettlerin, die zwischen den Tischen umhergeht, vom Kellner in Richtung Tür geschickt wird. Sie macht ein paar Schritte, bleibt stehen, der Kellner treibt sie leise ein Weniges weiter, sie bleibt wieder stehen und so fort, bis sie dann doch durch eine saloonartige Pendeltür verschwindet.

An der Fassade der Opera Romana hängt ein großes Premierenplakat: THE GLORY OF LIVING.

Während am Abend neben der Oper im Café *Lloyds* das Kunstlederfutteral von der Elektroorgel gezogen wird und kurze Zeit darauf der Keyboarder *Solveigs Wiegenlied* spielt, daß es wie die Untermalung einer Jongliernummer im Zirkus klingt, schlägt am anderen Ende des Platzes der Mann hinter seiner Waage den Kragen hoch. Eine halbe Stunde später wird der Keyboarder von einer Sängerin unterstützt. Sie beginnen, Liebeslieder zu singen. Im Café sitzen, jeder für sich, vier Männer.

Gleich um die Ecke, lediglich ein paar Straßen abseits der Zentrallage zwischen Opera Romana und orthodoxer Kathedrale, werden Villen zu kleinen Schlössern umgebaut. Videokameras über den Klingelschildern an den Toren. In den Einfahrten Limousinen von Daimler. Die Villenschlößchen eine Mischung aller Stile, verpflichtet scheinbar nur einem Prinzip: Kitsch. Vielleicht einem zweiten noch: teuer. So wie die Wagen mit den Frankfurter Kennzeichen, denn da, sagt mein Begleiter, machten die Zigeuner, wie man die Roma hier noch immer nenne, ihr Geld, mit dem sie dann ganze Straßenzüge in Timişoara aufkauften, um dort ihre Schlößchen zu errichten.

In der Stadt gibt es zwei Synagogen, die eine ist wegen Renovierung seit langem geschlossen, die andere steht leer, ihre Türen sind zugemauert, die Scheiben darüber eingeworfen. Die jüdische Gemeinde, die wenigen, die das Morden vor sechzig Jahren überlebt haben und in die Stadt zurückgekehrt sind, diese kleine Gemeinde stirbt aus. Will die leerstehende Synagoge aber der Oper überlassen. Für Proben, für kleinere Konzerte. Unter einer Bedingung: Kein Wagner.

Klein Wien sei die Stadt einst genannt worden, sagt mein Begleiter.

Als die NATO Belgrad bombardiert habe, seien die beladenen Flugzeuge über Timişoara geflogen. Der serbische Teil der Bevölkerung sei auf Seiten Serbiens gewesen. Logischerweise. So habe der Rest der Bevölkerung gedacht, auch wenn dieser Rest nicht auf der Seite Serbiens gewesen sei.

Um die Wende zum zwanzigsten Jahrhundert war die größte Bevölkerungsgruppe die der Deutschen, der Banater Schwaben. In der Zwischenkriegszeit nahmen die Ungarn ihre Stelle ein. Nach dem Zweiten Weltkrieg erst ist die Stadt zu einer rumänischen geworden. Deutsche gibt es kaum noch und Ungarn auch nicht mehr viele. Serben und Bulgaren sind – wie seit je – eine winzige Minderheit.

Die Großmutter meines Begleiters, eine Ungarin und in einem Flecken nördlich der Stadt tätig für die römisch-katholische Kirche der Ungarn, habe, sagt mein Begleiter, ihrem Pfarrer gegenüber die Ungerechtigkeit beklagt, daß der rumänische Staat das einstmals der Kirche entzogene Eigentum, den Grund und Boden, nicht zurückgeben wolle. Daß die Gemeinde Zeit habe, sei die Antwort des Pfarrers gewesen. Auch wenn sie selbst die Rückgabe nicht erlebten. Die Gemeinde habe Zeit.

Es gibt in Timişoara das Deutsche Staatstheater, die Vorstellung für Ionescus *Stühle* ist ausverkauft. Auf dem Balkon der benachbarten Opera Romana drängen sich in der Pause die Besucher. Das Gebäude nebenan ist das rumänische Theater, und nicht weit weg, fünf Minuten nur, liegt das erst vor zwei Jahren eröffnete Deutsche Kulturzentrum in der Augustin-Pacha-Straße. In seiner kleinen Handbibliothek finden sich unter anderem eine Bismarckbiographie, ein paar Bände Günter Grass. An der Ausleihe gibt jemand Sprachlehrbücher zurück. Die Klassen des Lenau-Lyzeums und der deutschsprachigen Grundschule sind gut gefüllt. Im Lyzeum erhalten die Schüler Abiturabschlüsse und Sprachzeugnisse, die sie zum Studium an einer Universität in Deutschland berechtigen. Die Geschichte der hiesigen deutschen Bevölkerung aber ist eigentlich beendet, sie schläft im Altenheim nach und nach ein, wird bestenfalls Stoff für Kindheitserinnerungen im fernen Deutschland oder für Forschungsprojekte an Universitäten und Instituten. ›Spuren von Multiethnizität in Mittel-, Ost- und Südosteuropa‹ heißt das dann.

Mein Begleiter und ich, wir sitzen bei einem Kaffee im Freien, denn man wird in Timişoara genauso pflastermüde wie in Berlin.

73

oder New York. Die Sonne scheint, es wird Frühling nach einem überlangen Winter. Mein Begleiter blinzelt gegen das Licht und beginnt, von einer Kollegin zu erzählen, die mit ihm am selben Institut arbeite. Vor einigen Jahren habe sie mit ihrem Mann in der Lotterie – gewissermaßen – gewonnen, weil ihre Namen aus dem Lostopf für eine Greencard der Vereinigten Staaten von Amerika gezogen worden seien. Und das, sagt mein Begleiter, sei der Traum fast jedes Einwohners Rumäniens. Die Kollegin und ihr Mann seien ausgewandert. Nach zwei Jahren aber wieder in der Stadt aufgetaucht, weil sie sich entschieden hätten, zurückzukehren und nicht für immer in Amerika zu bleiben. Da der Mann der Kollegin Schriftsteller sei, habe er nach der Rückkehr ein Buch über das Weggehen und Wiederkommen geschrieben. Ein sehr gern gelesenes Buch, ein Bestseller sei es geworden. Wenn man die beiden wegen ihrer Rückkehr auch für verrückt erklärt habe.

Am 12. November 1884, so steht es in einem Büchlein für Touristen zu lesen, führt Timişoara, das damals noch Temeswar hieß, als erste Stadt Europas die elektrische Straßenbeleuchtung ein.

Kein Restaurant, kein Café, in dem nicht ein Fernseher, ein Radio dröhnt. Die Angst vor der Stille als gegenwärtiger Horror vacui. Laute Musik auch aus den halb herabgelassenen Scheiben der vorbeifahrenden Autos. In einer Vielzahl von Frequenzen dazwischen, darüber und nie abreißend das Klingeln von Handys. Der Lärm ist immer, ist immer Augenblick. Vergangener Lärm ist verhallt. Also muß permanenter Lärm Ausdruck eines permanenten Augenblicks sein. Nichts, was war, nichts, was kommt. Forever young.

Mein Begleiter sagt, daß, in Abwandlung eines alten Witzes der Albaner, für Rumänien nur ein Resümee gezogen werden könne: man müsse den Vereinigten Staaten von Amerika den Krieg erklären, dann bliebe denen gar nichts anderes übrig, als das Land zu okkupieren.

Es gebe, sagt mein Begleiter, eine Autostunde entfernt, einen Ort ohne Arbeitslose. Weil sie alle nach Amerika ausgewandert sind?

frage ich. Weil es Vollbeschäftigung gibt, antwortet er. Ein Italiener habe dort vor einigen Jahren eine Fabrik gegründet und nach und nach den gesamten Ort beschäftigt. Der einzige Ort in Rumänien ohne Arbeitslose! Zur Parlamentswahl im Herbst 2004 hätten die Leute aus dem Ort die Nationalisten gewählt, die, die etwas gegen ausländische Unternehmer hätten.

Die Piața Liberatii ist ein Kreuzungspunkt für mehrere Straßenbahnlinien, die neben den Trolleybussen in der Stadt verkehren. In der Mitte des Platzes steht eine Muttergottes-Statue, seitlich das Militärmuseum, zwei Geschütze davor, säuberlich dunkelgrün gestrichen und mit Rücklicht und Blinkern versehen. An der südöstlichen Ecke des Platzes zwei Schaufenster, dahinter als erstes sichtbar die in der Sonne verschossenen Farben verschiedener Fahnen, die grau-rosa-weiße für Deutschland darunter. Erst dann fällt die ebenfalls ausgebleichte rote Schaufensterbeschriftung auf: ALTAR 1989. Und nur für die vor dem Fensterglas Stehenbleibenden werden die ausgelegten Zeitungen sichtbar, Zeitungen vom Dezember 1989, schwarz-weiße Demonstranten auf dem Opernplatz, mausgraue Menschen vor mausgrauen Gebäuden. Spiegel des gesamten Ostblocks in diesem Schaufenster, das auch die Zeitungsfotos mit den offenen, aufgereihten Särgen der Revolutionstoten ausstellt. *Dulce et decorum est …* Aber der ALTAR 1989 hebt das auf, die Toten des Vaterlandes sind noch grauer als die grauen Lebenden mit ihren Fahnen, aus denen sie das Emblem der Diktatur geschnitten haben. Süß nicht, ehrenvoll nicht, die Särge stehen abgesetzt im Dreck der Straßen an einem Dezembertag, der keine Farben kennen will. So sieht er aus, der Sieg.

Vor einer Woche erst sei der letzte Schnee getaut, sagt mein Begleiter, der Winter sei sehr lang gewesen. Ja, der Winter war hart, sage ich. Wir lehnen uns zurück und schlürfen vor dem Café *Papillon* mit Genuß eine zweite Tasse Kaffee. Aus den angelehnten Fenstern der Lenau-Grundschule vis-à-vis sind, leise wie ein Rosenkranzgebet, Deklinationsreihen zu hören. Um Timișoara herum dehnt sich das Land flach, so flach wie um irgendwelche Flecken in Belgien etwa. Wie Veurne zum Beispiel, wo eine Tafel an einem Hotel daran erinnert, daß Rilke einmal da genächtigt habe. Nicht siegen, überstehen … Tafeln auch in Temeswar, auffällig viele und wie als Erinnerung an das, was verlierbar ist, wenn eine Stadt dem Verfall preisgegeben wird. Viele Gebäude werden so in eine Erklärung gezogen, in eine Erzählung, vielleicht in der Hoffnung, daß sich etwas von Grund auf ändert, weil Kaiser Franz Joseph oder der rumänische Prinz Cuza oder der Vater von Nikolaus Lenau einmal in einem Hotel abgestiegen sind. Und die Büsten, die überall in der Stadt stehen wie Wächter … Nirgendwo sonst solche Vielzahl. Vor der Fakultät für Mechanik der Technischen Universität gleich fünf. Allesamt Professoren. Vor der gynäkologischen Klinik am Bulevardul Dr. Victor Babes nur eine, dafür trägt die Straße seinen Namen. In der Ecke eines kleinen Parks auf der stadtwärtigen Seite an einer Brücke über die Bega dann die Büste für Eminescu, den Dichter der rumänischen Romantik. Sein Bronzekopf ist allerdings größer als der der mechanischen oder gynäkologischen Professoren. Möglicherweise weil Eminescu romantisch jung starb. Die Sonne scheint, daß binnen einer Woche der Frühling die Oberhand gewonnen hat, und unter Eminescus Büste versammelt man sich zum Schwatzen auf den Bänken des kleinen Parks oder um sich auf einer mitgebrachten Decke auszuschlafen. Und in der Sonne glitzernd auf den Trottoirs und funkelnd wie eingelegte Steine der Auswurf der Stadt, denn kaum einer der Männer macht sich die Mühe, ein Taschentuch zu benutzen. Die es tun, werden sofort erkennbar als die Intellektuellen, als die Dichter, als die Künstler, als diejenigen, die sich allabendlich auf dem Balkon der Opera Romana, im rumänischen Theater oder um die Ecke im deutschen drängen, und vielleicht ist das ihr Abwehrkampf gegen den von allen Seiten näherrückenden Verfall, gegen den auch der Sturz der Diktatur kein Mittel gebracht zu haben scheint. Und ob man es in Wien oder in Paris, wohin die Städte Rumäniens immer geblickt, woran sie sich geformt haben, wahrhaben und bemerken will oder nicht, es ist auch der Abwehrkampf Europas gegen die Selbstvergessenheit. Das Glitzern der Trottoirs entlang der Bega ist der Auswurf einer in der Frühlingssonne prächtig untergehenden Stadt.

Wenn der Leutnant von Trotha, hierher versetzt, einen grüßte, wen würde das wundern? Und daß Ovid auf seiner Reise in die letzte Welt hier durchgekommen sein mußte, ist gewiß. Wenn er nicht gleich dageblieben ist und sich den Rest des Wegs zum Schwarzen Meer geschenkt hat. Oder daß er ihm erlassen wurde. Oder daß sich in Rom schon keiner mehr darum geschert hat.

Bevor wir das Café *Papillon* verlassen, erzählt mein Begleiter davon, wie er vor ein paar Jahren in Italien gewesen und dort mit den langsamsten der langsamsten Züge von Verona nach Neapel gefahren sei, immer umgeben von Pendlern auf dem Weg zur Arbeit oder aber auf dem Weg nach Hause. Und durch die Toscana sei er ebenfalls gereist und habe da in einem fast leeren Zug gesessen, der noch langsamer als die langsamen unterwegs gewesen sei. Mitten im Nirgendwo habe der Zug an einem einzeln in der Landschaft stehenden Bahnhofsgebäude gehalten, niemand habe dort gewartet und keiner habe dort aussteigen wollen. Nach einigen Augenblicken sei jedoch ein Mann aus dem Bahnhofshäuschen getreten und habe zu Tode betrübt gerufen, daß er seinen Großvater verloren habe. Da habe im Zug ein Mann das Abteilfenster heruntergezogen und dem Unglücklichen zugerufen: »Non disparare!« Und noch einmal: »Non disparare!« Daraufhin habe sich der Zug wieder in Bewegung gesetzt, und der Unglückliche sei im Bahnhofshäuschen verschwunden ...

Beim Anflug auf Timişoara flaches Land. Felder. Selten ein Ort. Die Äcker nach dem Tauwetter und den darauffolgenden Regentagen ein Seengebiet, eine Sumpfgegend, durch die, von oben erkennbar, Wasserläufe nach uralten, nach vorzeitigen Entwürfen mäandrieren. Die einzige menschliche Spur in dieser Leere sind bis zum Himmel aufsteigende Qualmwolken verlassener Feuer. Niemand ist zu sehen. Vielleicht ist das landwirtschaftliches Tun, vielleicht ein heidnischer Brauch vor einem späten Märzhimmel. Beim Abflug einige Tage später ist von der Nässe keine Spur mehr zu sehen. Die wenigen Frühlingssonnentage haben genügt, daß auf der Straße unten nun Staubwolken hinter den Lastwagen aufkräuseln.

(März/April 2005)

»Die Kunst der Ablenkung« oder Peter Handkes Erzählung *Die morawische Nacht*

> Die Grenze, diese immer schon
> leicht entflammbare Grenze ...
> Ivo Andrić, *Die Brücke über die Drina*

Auf dem serbischen Fluß Morawa ankert bei der Stadt Porodin ein Schiff, und auf dem beständigen Fließen des Flusses sind die Planken des Schiffs nicht nur der Fixpunkt der Handkeschen Erzählung *Die morawische Nacht* (2008), sondern zugleich die Bretter, die die Welt bedeuten. Denn das auf der serbischen Morawa bei Porodin ankernde Schiff namens *Die morawische Nacht* ist als Hausboot der Wohnort für die Hauptfigur der Erzählung, den Ex-Autor, und es ist die Bühne, auf der sich vor den vom Ex-Autor auf das Schiff gerufenen Freunden die Erzählung einer Rundreise durch Europa entfalten wird. Und als könnte es auf einem Fluß gar nicht anders sein, sind die Rollengrenzen zwischen Erzähler und Zuhörer fließend. *Die morawische Nacht* ist mithin Ort und Erzählung in einem; über weite Strecken ist sie eine Erzählung vom Balkan, vom Zerfall Jugoslawiens, vom Haß, aber auch von der (seltsamen) Liebe zu einer Frau, von den (typisch handkeschen) Rändern unserer Welt, vom Lärm, vom Gehen, dem Unterwegssein, vom Schreiben und, vor allem, von der Poesie. Es sind dies Ingredienzien, die Handke immer wieder für seine Texte verwendet, und so nimmt es nicht wunder, wenn er dergestalt auf frühere Texte verweist, daß jene älteren Erzählungen zumindest in Teilen und in der Evozierung zu echoartigen Bestandteilen der *Morawischen Nacht* werden. Wie Signalwörter tauchen etwa die Buchtitel *Niemandsbucht* (1994) oder *Einbaum* (1999) auf. Oder Episoden über die slowenisch-österreichische Familie Handkes weisen in einem zurück auf *Die Wiederholung* (1986) und voraus auf *Immer noch Sturm* (2010) und werden so hörbar als ein Grundton, der Handkes Werk durchzieht. Und in Kapitel sechs der

Morawischen Nacht führt es den Erzähler, den »Ex-Autor«, in jene aus dem Roman *In einer dunklen Nacht ging ich aus meinem stillen Haus* (1997) bekannte ›Zwickelwelt‹ der Kleingartensiedlungen, der Ausfallstraßen und Vorstadtwirtschaften, wo er unversehens in einen »Maultrommler-Weltkongreß« gerät, der sich dann aber so ganz anders als die auf übliche Weise sich sonst selbst zelebrierenden Welttreffen von irgendetwas darstellt, denn: »Keinen Weltkreis, urbi et orbi, hatten die Mundharfenspieler zu vertreten, sondern, wenn überhaupt etwas, die Hinterwelt, den Hinterwald, das entschiedene, stolze, traurige Hinterwäldlertum.« Das ist so en passant wie vielsagend und wie bei Handke selbstverständlich erzählt, denn dieses »entschiedene, stolze, traurige Hinterwäldlertum« ist nicht nur die Personage einer Erzählung, sondern vor allem der Grund für Handkes Poesie und Poetik. Daß sich in der Erzählung zu den Maultrommelspielern auch ein in der spanischen Steppe veranstaltetes Symposium über Lärm und Geräusche gesellt, ergänzt die ›Hinterwelt‹ um einige Figuren, denen Geräusch und Lärm, als Insignien westlichen Lebens, einen Verlust des Raumgefühls, ja des Raumes selbst bedeuten. Wer sich derart und aus dieser Richtung dem ›Aktuellen‹, dem ›Gegenwärtigen‹, dem ›Zeitgenössischen‹, also dem Tonangebenden, nähert, tut dies aus einer exzentrischen Richtung und wird – sei es als Figur der Erzählung oder als Erzähler Peter Handke – auch so wahrgenommen und empfangen.

Nicht erst mit dem *Abschied des Träumers vom Neunten Land* (1991), der *Winterlichen Reise zu den Flüssen Donau, Save, Morawa und Drina* oder *Gerechtigkeit für Serbien* (1995) oder dem *Sommerlichen Nachtrag zu einer winterlichen Reise* (1996) oder den *Kuckucken von Velika Hoča* (2009) nähert sich Handke auf diese Weise, nämlich ›keinen Weltkreis vertretend‹, dem, was einmal Jugoslawien geheißen hatte. Schon einige Jahre vor Ausbruch der jugoslawischen Sezessionskriege erwandert sich in der *Wiederholung* (1986) der Erzähler Filip Kobal, der auch Eingang in die *Morawische Nacht* finden wird, auf der Suche nach dem im Zweiten Weltkrieg verschollenen Bruder die eigene und kollektive (slowenische) Vergangenheit. Er wiederholt – erzählend – eine frühere Reise und er holt – erzählend – wieder, so daß der Titel der Erzählung einmal auf der ersten und einmal auf der dritten Silbe betont werden kann und soll. Filip Kobal erinnert sich seiner ersten Annäherung an Jugoslawien, und dieses Sich-Nähern wird bestimmend bleiben, wird immer wieder Eingang in Handkes Romane, Erzählungen und andere Texte zu Jugoslawien, zu dessen Folgestaaten finden, und das Erzählen wird immer gleichsam von dieser Schwelle ausgehen, wenn es heißt:

> Es war mehr als bloß eine Vorstellung oder Empfindung – es war die Gewißheit, endlich, nach fast zwanzig Lebensjahren in einem ortlosen Staat, auf der Schwelle zu einem Land zu stehen, welches, anders als das sogenannte Geburtsland, mich nicht beanspruchte als einen Schulpflichtigen, als Wehr-, Ersatz- oder überhaupt »Präsenz«-Diener, sondern, im Gegenteil, sich von mir beanspruchen ließ, indem es das Land meiner Vorfahren, und so, mit all seiner Fremde, auch mein eigenes Land war, endlich! Endlich war ich staatenlos, endlich konnte ich, statt dauerpräsent sein zu müssen, sorgenlos abwesend sein, endlich fühlte ich mich, obwohl niemand sich blicken ließ, unter meinesgleichen.

Das Jugoslawien der *Wiederholung* ist aber bereits ein vom Anfang der 1960er in die Mittachtziger erinnertes poetisches und poetisiertes Land. Handkes Text wird so Teil der Literatur auch jener, die als Geflohene oder Vertriebene fern von der Gegend leben, die für sie die Gegend des eigenen Volkes oder der eigenen Volksgruppe und/oder des Ursprungs ist. Auch diese Literatur spricht immer wieder von Poetisierungen, weil eine *Wieder*holung eben nur im Poetischen möglich wird. Zweiundzwanzig Jahre später knüpft Handke in der *Morawischen Nacht* daran an, als schriebe er den Abschnitt aus der *Wiederholung* fort, indem er einen serbischen Busfahrer – aus der fiktiven Enklave Porodin durch eine nun andersstaatlich gewordene, ex-jugoslawische Außenwelt fahrend – sich auf eine solche Staatenlosigkeit berufen läßt.

> Ich bin staatenlos, und darauf bin ich stolz. Immer war ich staatenlos. Immer möchte ich staatenlos bleiben. [...] Kein Staatsbürgerschaftsnachweis und kein Paß [...]. Kein Reisen lockt mich, und eure freie Welt kann mir gestohlen bleiben. Staatenlose aller Länder, bleibt, wo ihr seid und was ihr seid. [...] Für alle Zeiten

beharren auf meinem Reservat, wo es den Adler zwar gibt, und
wie, aber nicht als Wappenvogel. Stolz sein auf mein Reservat,
wo beim Umriß eines Eichelhähers in einer Fichte ich nicht denken muß: Ah, unser Staatsvogel. Sich für alle Zeiten begnügen
mit meinem Reservat, wo es in der Schule keine Prüfungsfrage
gibt, die lautet: Und unsere Staatsblume?

Diese Staatenlosigkeit zieht ihre Kraft nicht aus dem Politischen,
sondern aus einem Empfinden *gegen* das Politische, das sich in jenen neuen balkanischen Staaten zeigt, die sich für den serbischen
Busfahrer vor allem auf Haß gründen:

> Sie haben uns immer gehaßt. Sie haben alles bekommen, was
> sie wollten, und hassen uns weiter. [...] Sie sind ein Staatsvolk
> und, o endlich wahrgemachter großer Traum, ein Einvolkstaat
> und hassen uns Überbleibsel vom Zweitvolk, das kein Staats-
> volk ist [...]. Und ihren Haß, den brauchen sie ihren Kindern
> gar nicht erst ausdrücklich beizubringen. Er überträgt sich
> einfach so, von Generation zu Generation, von Gen zu Gen
> [...]. Keinen Stolz bezieht ihr aus eurem Staat, sondern die
> Legitimierung und Verewigung eures Hassens. Und in sofern
> seid ihr der Beispielstaat für alle heutigen Staaten, seid ihr *der*
> moderne Staat, der neumoderne.

Von Generation zu Generation, von Gen zu Gen – hier scheint
etwas auf, das so auch bei einem von Peter Handkes literarischen
Gewährsmännern, bei Ivo Andrić, vorangekündigt wird; doch es
ist in dessen 1945 erschienener Chronik *Die Brücke über die Drina*
ja keine prophetische Ankündigung, sondern, aus Anlaß der serbischen (bulgarischen und griechischen) militärischen Siege über
die Türken und der daraus folgenden neuen Grenzziehungen von
1913, bereits ein aus den balkanischen Jahrhunderten gezogenes
Fazit, zu dem Andrić kommt:

> Ihre Aufregung verbergend, beugten sie sich über die in der
> Zeitung abgebildete Karte, auf der die zukünftige Aufteilung

der Balkanhalbinsel eingezeichnet war. Sie betrachteten das Papier und sahen nichts in diesen geschlängelten Linien, aber sie wussten und verstanden alles, denn sie trugen ihre Geografie im Blut und empfanden ihr Weltbild biologisch.

Andrićs Diagnose gilt aber nicht nur für den Anfang des zwanzigsten Jahrhunderts und nicht nur für den Balkan, sie läßt sich auch auf ganz Mitteleuropa übertragen, ja, sie macht Mitteleuropa in entscheidender Weise aus. Nicht anders als die Bewohner der bosnischen Stadt Višegrad in der *Brücke über die Drina* beugten sich nach dem Ersten Weltkrieg und nach den Versailler Bestimmungen und auch während und nach dem Zweiten Weltkrieg Bewohner vieler Städte und Gegenden über die neuen, fortan geltenden Landkarten, von denen die einen Reiche und Staaten verschwunden, dafür aber andere Reiche und Staaten eingezeichnet waren. Der davon am meisten betroffene geographische wie mentale Raum war Mitteleuropa, der sich als ein jahrhundertealter von Norden nach Süden erstreckender Devastierungsstreifen darstellt, in dessen durchaus changierendem Bereich ›der‹ Westen auf ›den‹ Osten trifft. In der zweiten Hälfte des 20. Jahrhunderts deckte er sich mit jenem Raum an der Demarkationslinie entlang des Eisernen Vorhangs. Er ist bis heute davon betroffen, denn das in Andrićs *Brücke über die Drina* festgehaltene Erschrecken darüber, daß »nicht einmal im Traum Grenzen so schnell und so weit zurück[weichen]«, sitzt den Bewohnern Mitteleuropas vielleicht nicht so sehr in den Knochen als vielmehr in den tieferen Schichten des kollektiven und kulturellen Gedächtnisses. Dies ist mit der ›im Blut getragenen Geographie‹ sowie ›dem biologischen Weltbild‹ immer schon da. Mit und auch wegen dieser Geographie, wegen dieses Weltbilds. In den besten Zeiten erlaubt eine derartige Grundanlage ein duldsames Nebeneinander, in schlimmen Zeiten treten und fallen die Völker aus jenem Zusammenhang heraus, den wir Kultur oder Form oder Zivilisation nennen. In solchen Zeiten sind einzelne Angehörige dieser Völker fähig, die größten Verbrechen zu begehen. In solchen Zeiten sind die Völker fähig, die von einzelnen Angehörigen des Volkes begangenen Verbrechen geschehen zu lassen. Die Grausamkeit ist einerseits politisch oder ideologisch zu begründen. Sie ist je nach Deutung entweder Ausdruck vormodernen Agierens oder Ausdruck modernen Handelns und moderner Entfremdung des Menschen vom Menschen. Darüber hinaus aber – und darin liegt das nachgerade Umheimliche – sind Blutsgeographie und biologisches Weltbild Ausdruck einer archaischen Weltwahrnehmung, die sich bis in die Gegenwart erhalten hat und im Devastierungsstreifen Mitteleuropa samt der Enklaven, in denen die einen von den anderen stets mehr eingeschlossen und eingekesselt als von ihnen umgeben scheinen, wohl auch erhalten wird. Hat sich in einer solcherart geprägten Welt die Gewalt erst einmal Bahn gebrochen bzw. wurde sie erst einmal auf ihre Bahn gebracht, dann kann der einzelne, ja, dann können auch Gruppen von Menschen nichts mehr dagegen tun.

Ivo Andrićs Roman *Die Brücke über die Drina* spricht nicht zuletzt von jener Hilflosigkeit der Einzelnen und endet mit einem Schlußbild, in dem die Višegrader – gleich ob Serben, Bosniaken oder Juden – in Staatenlosigkeit bzw. jeweilige Feindvolkzugehörigkeit gestürzt werden. Ihres bisherigen Lebens beraubt, sind sie unter den über ihren Köpfen hin- und herjaulenden ersten Granaten des Ersten Weltkrieges dem Untergang des langen 19. Jahrhunderts und der Welt, aus der sie alle kamen, ausgeliefert. Nicht anders verhielt es sich für den Einzelnen angesichts der Untergänge im Zweiten Weltkrieg. Und nicht anders war es während der jugoslawischen Sezessionskriege.

Für Handke gerät die Geschichte des bosnischen Serben Novislav Đajić zum jugoslawischen Paradigma der Hilf- und Machtlosigkeit; er zieht sie in seiner *Rede zur Eröffnung der Belgrader Buchmesse am 21. Oktober 1997* exemplarisch heran. Đajić wurde von einem deutschen Gericht in Deutschland zu einer Gefängnisstrafe verurteilt,

weil er nicht eingegriffen hatte, als 14 oder 15 Muslime aus seinem Dorf auf einer Brücke über der Drina bei Forča ermordet wurden. So sagt jedenfalls das deutsche Gericht. Aber ich glaube, dieser Novislav Đajić […] ist die Symbolfigur des tragischen jugoslawischen Konflikts. Er konnte nichts tun. […]

83

Und selbst deutsche Journalisten [die von Peter Handke wegen ihres ›Haßleitartiklertums‹ immer wieder auf das schärfste kritisiert wurden, JB] haben dieses Urteil kritisiert: Man habe einen Sündenbock gefunden.

Obgleich Handke sich hier auf ein Gerichtsurteil aus der Welt der Fakten bezieht, begibt er sich nicht in den von dieser Welt vorgegebenen Rahmen. Er steht sogar in diesem Kontext tief im Poetischen, denn er schreibt nicht ›Drina-Brücke‹ oder ›Drina-Übergang‹, sondern evoziert Andrićs Romantitel *Die Brücke über die Drina*. Damit ruft Handke auch Andrićs aus dem Studium der Geschichte gewonnene und erzählerisch gestaltete Analyse jener kaum vorhandenen Möglichkeiten des Einzelnen auf, im bosnischen Völkergemisch zu handeln. Diese »Wirklichkeitserforschung« im Erzählen ist das, was Handke selbst unter Beachtung und Betrachtung der Vor-Geschichte versteht, die sich eben nicht dem »gedächtnislosen Moloch Aktualität« beugt, als dessen Vertreter Handke die für die medialen Konstruktionen und Bildverformungen verantwortlichen Journalisten ausmacht, welche sich, wie er sagt, mit ihrem »Außenalster- und Manhattenblick« der Welt und ihrem früheren Berufsethos, nämlich eine helfende Instanz zu sein, gleichermaßen entfremdet und aus dieser Entfremdung heraus nachgerade einen medialen Totalitarismus geformt haben:

> Bis zu euch gab es noch einen letzten Anklang des Göttlichen – in jenen, die gegen die Übermacht der Verhältnisse zum Gebet fanden. Mit euch aber ist es klar aus damit, denn gegen eure Art Macht, Ende unabsehbar, gibt es kein Beten mehr.

Und auch im Gerichtssaal des *International Crime Tribunal for the Former Yugoslavia* in Den Haag entdeckt Peter Handke, der als akkreditierter Zeitungs-Berichterstatter für einige Tage den Verhandlungen beiwohnen darf, auf den Bildschirmen im Kamerablickwinkel, in den Einstellungen sowie in den Schnitten und ihrem Rhythmus die Konstruktion und Suggestion. Handkes *Winterliche Reise*, der *Sommerliche Nachtrag* oder die *Kuckucke von Velika Hoča*, seine Erzählungen und Stücke, mit denen er Nachrichten

aus einem untergegangenen Land sendet, stehen wegen ihres
erzählerischen Vorgehens außerhalb der (nur seinerzeit?) geltenden Kriegsberichterstattung. Handke ist seiner Poetik gemäß
in den Vor-Geschichten und im Abseitigen unterwegs, und dies
gemahnt an die Multiperspektivität beim Berichten, Erinnern
oder gar Erzählen von Ereignissen und steht so im Gegensatz zur
Perspektive jener Akteure der Medienwelt, welche in Kriegszei-
ten in Multiperspektivität ein untaugliches Wahrnehmungs- und
Wiedergabeverfahren ausmachen. Mit Verweis auf die Verbrechen bosnisch-serbischer militärischer Verbände hält Handke jedoch fest, was der Blick auf das Abseitige und die Vorgeschichten
nicht ist, und »wie solch ein Klarstellen der Vorgeschichten nichts
mit Aufrechnung zu schaffen hat, so selbstredend auch gar nichts
mit einer Relativierung oder Abschwächung. Für Rache gilt kein
Milderungsgrund.«

Die Kontraststellung der Positionen ist nicht aufzulösen; nicht
jeder bezieht in seine Betrachtung der Welt und der Wirklichkeit
ohne weiteres eine poetische Wirklichkeit ein, die nicht weniger
wahr ist und nicht weniger Erkenntnis generiert als das vermeintlich nur auf Fakten gestützte Erkennen. Noch weniger beziehen
die poetische Wirklichkeit nicht nur ein, sondern haben sie zur
Grundlage für den Blick auf die Welt, leben im Poetischen und
leben dieses Poetische als Wirklichkeit.

Mögen nach dem Zweiten Weltkrieg die durch Neuverteilung,
Bevölkerungsentmischung, Vertreibung und Umsiedlung gezo-
genen Grenzverläufe in Europa zunächst einigermaßen stabil
gewesen sein, so haben sich doch die in Föderationen staatlich
vereinten Völker ihrem Bedürfnis gemäß und bei erster Gelegenheit voneinander separiert. Es ist hier nicht nur an die Seces-
sion Jugoslawiens zu denken, sondern gerade eben auch an die
tschechoslowakische Trennung von 1993. Und vielleicht sollten
jene süd- und westslawischen Trennungen gar nicht so losgelöst
voneinander betrachtet werden, wie dies ihre räumliche Entfernung und die Art und Weise der Trennungen auf den ersten Blick
nahelegen mögen.

Ivo Andrićs Chronik *Die Brücke über die Drina* durchgeistern in den Kapiteln über das späte 19. und frühe 20. Jahrhundert immer wieder Beziehungen zwischen Serben und Tschechen, wird Prag nicht nur zur Universitätsstadt für Serben, sondern auch zu einem Ort politischer Bildung. Panslawismus, Austroslawismus, Nationalismus, Separatismus, Autonomismus, linke Bewegungen, Anti-Habsburg und Republikanismus sind west- und südslawische Gemeinsamkeiten in diesen für die Staatengründung wichtigen Zeiten und Kontakten vom Beginn des 20. Jahrhunderts. Es lassen sich in jener Zeit auch gleichsam vorgezeichnete Gründe für das Scheitern dieser föderativen jugoslawischen und tschechoslowakischen Staaten ableiten, weil dem Traum von der Selbstbestimmung der in einem von Habsburg losgelösten Staat zusammengeschlossenen Völker eben von allem Anfang an auch das Denken in Kategorien wie ›Staatsvolk‹, ›Zweitvolk‹ oder ›Minderheit‹ beigesellt war, das historisch zwar erklärbar, aber nicht begründbar sein kann und zwar in dem Sinn, daß dieses Denken kein verläßlicher Grund, kein Fundament sein kann. Insofern zeitigt die Doktrin des seinerzeitigen amerikanischen Präsidenten Wilson vom Selbstbestimmungsrecht der Völker, auf die sich alle aus dem zerfallenden Habsburgerreich gründenden Staaten beriefen, bis in die Gegenwart ihre im Grunde chauvinistische und für die hoffnungsvoll ins Leben gerufenen Staaten schließlich ihre fatale Wirkung.

All diesem – stets und fortgesetzt – Gegenwärtigen unterliegt eine Archaik, die immer ins Unfaßbare ausbrechen kann; darauf verweisen Handkes Jugoslawien-Texte und unterminieren die teleologischen Wunschvorstellungen einer Gegenwart, derzufolge die Probleme der Vergangenheit wenn schon nicht unwiderruflich gelöst, so zumindest aber irreversibel auf eine ungefährliche Hitzestufe heruntergekühlt worden sind.

Während der jugoslawischen Sezessionskriege kollidieren die medial aufbereitete Aktualität und die mit Wahrheitsanspruch auftretenden Aufbereiter des Geschehens mit Handkes provozierend ›hinterwäldlerischer‹ Art von Weltwahrnehmung und Erzählung. Beide schreiben über das gleiche, bei weitem aber nicht über dasselbe. Im Grunde verbirgt sich im Zusammenstoß dieser Positionen auch die alte Konfrontation von *literature engagée* und *literature pure* oder der Anspruch der einen, daß ihr

Schreiben gesellschaftliche Auswirkungen haben müsse, und der anderen, daß ihr Schreiben in erster Linie etwas erzählen und in der Erzählung bewahren müsse, das jenseits des Tagesaktuellen liegt. Ja, es kann zu dieser Erzählung nur gelangen, wenn es sich dem Diktat von Aktualität und Gegenwart entzieht. Dazu freilich gilt es, sich nicht bloß der profanen Zeit zuzuwenden, sondern dem, was, wie Handke in seiner *Fahrt im Einbaum* sagt, »an der Grenze zwischen Schlafen und Wachen [zu finden ist]. Im tiefsten Dunkel. Mitten im Winter. Im Überwintern.«

Dazu braucht es einen Raum, eine ›Savanne der Freiheit‹, eine ›Fahrt im Einbaum‹, eine ›Morawische Nacht‹. Nur, wie wird ein solcher Raum aufgenommen? Entspringt er einem allgemeinen Bedürfnis und ist Ausdruck dieses Bedürfnisses? Oder stößt er auf Ablehnung und Feindschaft?

Denn war die Tatsache, daß der Eigner seine ›Morawische Nacht‹ nicht bloß mit der übergroßen Flagge eines längst versunkenen oder abgestunkenen Landes ausstaffiert, sondern darüber hinaus das ganze Boot, von unten bis oben zum Rauchfang, in der Horizontalen mit den ominösen Farben bemalt hatte, etwas anderes als eine, zu dem bestimmten Zeitpunkt jedenfalls, gefährliche Provokation? Als ›Enklave‹ wollte er sein Bootshaus sehen, als autoproklamierte Exterritorialität? Wollte er nicht wahrhaben, daß es zu jener Zeit längst keine Enklaven mehr geben durfte? Daß etwas Derartiges, und mit ihm jedes ›Enklavendenken‹, ›verpönt‹ war?

Auf der Oberfläche – und wirklich auf der Oberfläche, wie Anstrich und Fahnendekoration zeigen, – ist die ›Morawische Nacht‹ eine semiotische Demonstration, die mit den ›verpönten‹ Zeichen eines untergegangenen Landes operiert; sie ist eine unzeitgemäße politische Aussage, die zudem über die Demonstration der Zeichen hinaus eine Metapher bildet. Das auf dem Fluß Morawa festgemachte Hausboot verkündet in allem Fließen eine seltsame Konstanz, die selbst dann nicht aufgehoben wird, wenn das Boot ablegt, auf dem Fluß herumfährt und wie ein aus einem Kusturica-Film entlehnter, bunt angestrichener Jugo-Kahn durch die Welt geistert.

›Autoproklamierte Exterritorialität‹ wird das Boot, auch wenn es zunächst so scheinen mag, aber nicht durch seine Zeichensprache; ein Gebiet, das nichts mit den Gebieten drumherum, das nichts mit der Welt und der Zeit um es herum zu tun hat, wird die ›Morawische Nacht‹ erst als Erzählraum, in dem sich der Ex-Autor und seine Freunde zusammenfinden, um gemeinsam (zuhörend und erzählend) die Erzählung entstehen zu lassen. Die nachtlange gemeinsame Erzählung proklamiert die Exterritorialität. Die auf Poetischem in Wahrnehmung und Wiedergabe insistierende Erzählung macht das Schiff zu einer von der profanen Welt und Zeit umschlossenen Enklave. Diese Daseinsform aber ist nicht an den Balkan gebunden.

Kunst, Poesie, Traum, Bewahrung, Schein, die Zeit hinter der Zeit – für all dies stehen die europäischen Enklaven, stehen die andere Welten erschaffenden Erzählungen aus Mitteleuropa, und sie werden von der mit diktatorischem Anspruch auftretenden Gegenwart – ob sie wollen oder nicht – stets als Angriffe auf deren Deutungshoheit angesehen.

Kunst, Poesie, Traum, Bewahrung, Schein, die Zeit hinter der Zeit – all das firmiert bei Handke unter vielerlei Bezeichnungen; einmal läßt er seinen Erzähler in der *Morawischen Nacht* dafür gar ausrufen: »Nie etwas von Utopia gehört?« Doch handelt es sich hierbei nicht um ein Utopia, das auf Gesellschaftsumbau oder dergleichen gegründet ist; es handelt sich um keine Fortführung alter politischer und ideologischer Utopien, wie auch nichts entworfen wird, weil das, worauf sich der Erzähler in der *Morawischen Nacht* beruft, momentlang immer schon und zu allen Zeiten war und ist; aber es läßt sich nicht herbeiführen und ist wenn überhaupt eine dann eine Utopie der Poesie. Es kommt aus den Einzelnen, wächst in ihnen mit der Form ihrer Weltwahrnehmung, und zeigt sich, nachdem es möglicherweise generationenlang nicht wahrnehmbar war, etwa in einer überraschenden Begegnung des Erzählers mit jungen österreichischen Landsleuten, deren »Blicke kein ›Geschau‹ mehr [waren] und ›Blicke‹ oder ›Schauen‹ heißen [durften].«

Diesen jüngeren Österreichern attestiert der auf seiner Rundreise vom Balkan über Spanien und Deutschland nach Österreich gelangende Erzähler eine »Souveränität«, die sich ihm zuvor bereits auf dem Balkan in Gestalt österreichischer (UN-)Soldaten offenbart hatte – »ohne jede Breitbeinigkeit, still, aufmerksam, gleich auf gleich, lernbegierig, für die umzingelten Enklavisten [daseiend]«. Hinter und unter all dem liegt das »wenn auch in bloßen Anzeichen und Spurenelementen zurückgekehrte Reich«, welches dem Erzähler in »seinen – eher luftigen – Verkörperern«, den Jüngeren, begegnet, ohne dabei eine Anknüpfung an die k. u. k.-Monarchie zu sein und also »nichts von einem Imperium«. Zurückgekehrt schien etwas von dem großen Reich mit dem, »wie sagte man?, neugeordneten Europa«, obgleich nicht in der politischen Realität, nicht mit den neuentstandenen Staaten und nicht mit der Vereinigung europäischer Staaten.

Diese Jungen und nicht mehr so Jungen […] erinnerten ihn an ein Europa, ein ganzes, wie es das, außer in der Propaganda, wohl nie gegeben hatte (und nie geben würde?), und das er ›das dritte Europa‹ nannte, ohne uns in jener Nacht Genaueres darüber sagen zu können – es blieb so unbestimmbar wie die Erinnerung.

Dieses ›dritte Europa‹ hat bei Handke viele Namen; einmal ist es die ›andere Welt‹, einmal der ›Einbaum‹, einmal die ›Zwischenzeit‹; es ist ›die Hinterwelt‹, der ›Hinterwald‹ oder auch die ›Grenze zwischen Schlaf und Wachen‹, es ist ›Traumstoff‹ und ›Spielstoff‹, ›Savanne der Freiheit‹ und ›Neuntes Land‹, es mag auch das von Handke poetisierte Serbien sein; wie immer es auch heißt, es ist die poetische Welt oder die Welt, in der Poesie nicht nur als verschönernde Zugabe gilt, sondern als das die menschliche Existenz und Gemeinschaft erst wirklich Erschaffende und Begründende. Somit ist auch das für den Erzähler in der *Morawischen Nacht* ›in Spurenelementen zurückgekehrte Reich‹ Poetisierung und poetisches Reich, das in den ›Erinnerungen‹ an das Nie-Gewesene in die Wirklichkeit tritt; es gleicht jenem bei Ivo Andrić festgehaltenen – vielleicht erst in der Retrospektive auf das Vergangene imaginierten? – allzu kurzen Zeiten, da in der Mehrvölkerstadt

Višegrad das »Leben für immer gebändigt und gezähmt [schien], alles unter seinem breiten, gleichförmigen Lauf [verbarg] und den Menschen das Gefühl [vermittelte], es beginne eine Ära ruhiger Arbeit bis in eine ferne und unabsehbare Zukunft.«

In diesem Geflecht von ›Einbaum‹, ›Zwischenzeit‹, ›Hinterwald‹, ›Neuntem Land‹ und Shakespearschem ›Traumstoff‹ (»stuff that dreams are made on; and our little life is rounded with a sleep«, wie es im *Tempest* heißt), an jener ›Grenze zwischen Schlafen und Wachen‹ wird Utopia ein Reich und erkennbar als Poesia. Handke weiß, daß er sich damit Vorwürfen aussetzt, und begegnet ihnen bereits in der *Winterlichen Reise*:

> Kommst du jetzt mit dem Poetischen? Ja, wenn dieses als das gerade Gegenteil verstanden wird vom Nebulösen. Oder sag statt »das Poetische« besser das Verbindende, das Umfassende – den Anstoß zum gemeinsamen Erinnern, als der einzigen Versöhnungsmöglichkeit, für die zweite, die gemeinsame Kindheit.

Ist das Naivität im Angesicht der Verbrechen, wie sie während der jugoslawischen Sezessionskriege von Serben, aber auch von Kroaten, Bosniaken, Slowenen und schließlich Albanern verübt worden waren? Oder ist es ein Ausdruck von Trauer? Poesia ist kein Fluchtort, es ist betrauerter, weil scheinbar immer schon verlorener Wunschort, wenn es in Handkes *Fahrt im Einbaum* heißt: »Weißt du, welche Wörter ich nie mehr hören will, nie mehr?: ›Mein Freund‹, ›mein Nachbar‹ –«. Poesia und das Poetische werden darüber hinaus in Handkes Texten über die jugoslawischen Trümmer (als einer ganz gegenwärtigen ›Trümmerliteratur‹) jedoch zur Suche nach einem – nicht Ausweg, sondern vielleicht anderen Pfad, der zu begehen wäre, wenn die jahrhundertealten balkanischen und letztlich ja auch mitteleuropäischen Hauptstraßen von Verdächtigung, Beschuldigung, Gewalt, Gegengewalt, Vergeltung und Rache nicht aber- und abermals wieder eingeschlagen werden sollen. Und so sieht Handke in der *Winterlichen Reise* seine Texte dem und jenem in Slowenien, Kroatien, Serbien zugedacht, aus der Erfahrung, daß gerade auf dem Umweg über das Festhalten bestimmter Nebensachen, jedenfalls weit nachhaltiger als über ein Einhämmern der Hauptfakten, jenes gemeinsame Sich-Erinnern, jene zweite, gemeinsame Kindheit wach wird. […] Oder einfach von der, unser aller, Gefangenschaft in dem Geschichte- und Aktualitäten-Gerede ablenken in eine ungleich fruchtbarere Gegenwart: »Schau, jetzt schneit es. Schau, dort spielen Kinder.« (die Kunst der Ablenkung; die Kunst als wesentliche Ablenkung).

Sogar im Gerichtssaal der Tribunale von Den Haag beobachtet Handke, wie diese Poetik der Nebensachen und des Abseitigen kurz aufscheint; das Gericht kann jedoch mit den Abschweifungen der Zeugen ins Nebensächliche und in die Kleinigkeiten nichts anfangen und führt die Geladenen rasch auf das Faktische zurück.

Die ›Kunst der Ablenkung‹ ist freilich auch jenseits der jugoslawischen Sezession und des Balkanischen jene epische Welterschaffung im Erzählen, die einer ebenso epischen Weltwahrnehmung entwächst. Und auch hier verläuft die von Andrić gleichnishaft an der Brücke über die Drina gesehene »Grenze, diese immer schon leicht entflammbare Grenze.« Möglich, daß die leichte Entflammbarkeit, daß das fundamentale Mißverständnis (oder Unverständnis) dieserart Erzählung gegenüber in der manchen nicht möglichen oder von ihnen nicht gewollten epischen Weltwahrnehmung liegt. So gesehen ist die politische und ideologische Gegnerschaft, die sich Handke und seinen Texten gegenüber äußerte und äußert, eine Gegnerschaft an der Oberfläche. Sie kann und möchte der am Ende der *Morawischen Nacht* beschworenen ›Beschwichtigung‹ nicht folgen, weil sie darin eine Relativierung sieht (um diesen aus der Auseinandersetzung mit dem Nationalsozialismus bekannten hochbrisanten Terminus ganz bewußt heranzuziehen). In der Tiefe, also im Fundamentalen, ist es eine poetische Gegnerschaft, für die das Poetische und für die Poesia kein grundlegender Teil des Wirklichen ist.

Ein dritter Engel trat zuletzt auf in seiner Geschichte: nach dem Schutz- und dem Warnengel der Beschwichtigungsengel. Und der beschwichtigte ihn. Und er ließ sich von ihm beschwichtigen. Das ist das. Und das ist das. *To je to. I to je to.* – Geographie der Träume, bleib bei mir jetzt und in der Stunde meines Todes.

Handkes Anleihe beim *Ave Maria* in dieser Textstelle läßt erahnen, warum ihm nicht alle auf seinem Kunstweg folgen wollen. Das Poetische, das ins Metaphysische hinüberzutreten vermag, entzieht sich dem Muster von Faktizität und Gebrauchswert. Es weiß von anderem und von anderen und reiht sich auf diese Weise ein in eine mitteleuropäische Erzählung, die, mal lauter, mal leiser, immer und durch alle Zeiten hindurch zu hören war.

(April-Mai 2011)

»FÜR GLÜCK«

Der Gablonzer Glasknopf

GEHEN ENTLANG DER ELBE, die Lößnitz im Rücken. Anfang April die frühe Baumblut – nein, nicht Baumblüte –, weiß aufflammend einzelne Pflaumenbäume in den Streuobstwiesen. Der Rotschwanz, früh zurückgekehrt, läßt sein Knirschen und Trillern hören. Meisen, überall Meisen dazu. Aus einer Pappel hinter der Kirche, aus ihrem Stöckchennest weit oben die Rufe einer vielleicht schon brütenden Krähe. Kötzschenbroda vorbei, zur Rechten dann Zitzschewig, zur Linken der Fluß und voraus das sich weitende Tal mit Feldern und Brachen und großen Obstgärten bei Brockwitz … Das Rhythmusfinden zunächst, das Atemfassen. Danach das Sehen dessen, was da ist. Das Herauslösen von einzelnem aus dem Gesamten und das momentlange Zusammensehen aller Einzelheiten, was etwas anderes ist als das zuvor gesehene Gesamte. Weiter hinaus dann vor dem Ort Lerchen über einem regensatten Acker. Bachstelzen kreuzen trippelnd den Weg. Erste Weinbergschnecken schleppen ihr Haus, es sieht aus, als kämen sie tatsächlich von den Weinbergen der Lößnitz her und wollten hinunter zum nur noch hundert Meter entfernten Fluß.

Die Elbe, sie führt die Moldau und die Eger mit sich und noch andere. Alles schönste böhmische Flüsse mit zwei Namen: Labe, Vltava, Ohře. Wie ja auch hier das Slawische in den Ortsnamen klingt und es nicht selten Familiennamen mit einem Zsch darin gibt. Nicht weit entfernt die Grenze zu Böhmen/Čechy, und das war noch vor einhundert Jahren die Nordgrenze des riesigen k. u. k.-Reiches, hing der nach Sachsen ragende böhmische Schluckenauer Zipfel zusammen mit Ungarn, Österreich, Galizien, Tirol, Istrien, seit 1878 auch mit Bosnien. Flußlandschaft, Wechsellandschaft, Mehrvölkerwelt. Und der Ort hier an der Elbe, mit dem slawischen Namen Kötzschenbroda, einst niedergebrannt von Hussiten – *Wir sind die Kämpfer Gottes!* –, die seinerzeit nicht nur als Religions-, sondern auch als Ethnokrieger nach Sachsen gekommen waren.

GEHEN ENTLANG DER ELBE, die Lößnitz im Rücken, und der Fluß etwas unterhalb zieht ruhig dahin, kein Wind kräuselt die Fläche auf. Worte im Ohr, den Klang von Stimmen. Vater, Großmutter, Großvater, die Tanten, die Onkel. Sippenklänge. Böhmische Klänge: Brettl, Koppbettl, Nachtkästl. Jessesmaria (das erste A sehr lang). Mein Sprechbedürfnis, das aber in der verkümmerten Nachahmung steckenbleibt. Němec – der Stumme.

Dazu aber auch Gesichter und als etwas Böhmisches die Ohrringel (nur so: Ohrringel) bei Frauen und Mädchen stets leicht schaukelnd. Schon kleinste Kinder, Mädchen, trugen/tragen sie. Deutsche wie Tschechen. Man muß nur einmal hinübergehen nach Teplitz oder Aussig und auf die Frauen und Mädchen achten. Auch meine Töchter haben früh Ohrlöcher bekommen, um Ohrringel tragen zu können. Bei beiden aber ist je eines der Ohrlöcher wieder zugewachsen … So geht das. So geht das nach und nach verloren. Das wächst sich nicht aus, das wächst sich zu und verschließt sich. Und bleibt als kleine Narbe. Wenn mich einer aufforderte, ›Erzähl was Mitteleuropäisches!‹, dann würde ich davon erzählen, von den Ohrringeln.

Und dann geschieht es, daß bei all diesem Nachdenken über Mitteleuropäisches die Zeichen für sich zu sprechen beginnen, das Abseitige, das Unbedeutende, das Entlegene selbst sich zu Wort meldet, als wäre es das Mitteleuropäische schlechthin, und mir – einige sechzig Kilometer die Elbe stromab von der böhmischen Grenze – den Übernachtungsbeleg einer fremden Familie für das Apartmán u Černé skály in Karlštejn über den Zaun in den Garten weht. Die Burg Karlstein, im 14. Jahrhundert unter Kaiser Karl IV. gebaut als Schatzhaus für die Kleinodien des Heiligen Römischen Reiches Deutscher Nation und für die böhmischen Kroninsignien. Damals war Prag die Hauptstadt des Reichs … Der fremde Übernachtungsbeleg vom Appartement an den Schwarzen Felsen flattert in meiner Hand, als wollte er sagen: Mach doch, mach dich an deine Mitteleuropa-Arbeit!

Die Böhmischen meiner Familie also nach dem letzten Krieg angespült irgendwo im Sächsischen, ohne sich dabei den Ort aussuchen zu können oder zu wollen, wahrscheinlich fehlte ihnen die Kraft dazu. Gestrandet in Sachsen. Angespült ..., gestrandet ... Nautische Worte. Doch für einmal sei hier von Shakespeare geschwiegen und auch von der Bachmann. Das Abseitige, Entlegene ... In der Kleinstadt, in der ich geboren wurde, steht eine von nur drei dem Heiligen Wenzel, dem Patron Böhmens, geweihten Kirchen Sachsens. Sie ist die Kirche, in der ich getauft wurde.

Immer wenn ich in meinen Geburtsort komme, scheint einer nach dem andern zu fehlen. Das ist der Lauf der Welt, so kann man sich trösten. In dem Häusergebiet aus den 1960er Jahren, einer Wohnungsgenossenschaft, in der ich meine Kindheit verbrachte, kannte ich einmal jeden, wenn schon nicht dem Namen nach so doch zumindest dem Gesicht nach. Und das heißt nicht nur die Gesichter der anderen Kinder, und das waren etliche, denn die, wie es jetzt heißt, geburtenstarken Jahrgänge vor dem Pillenknick brachten die Klassenzimmer zum Überquellen. Jetzt erkenne ich kaum noch wen und kaum wer erkennt mich noch. Das liegt nicht nur an der altersbedingten Veränderung des Äußeren (manchen erkennt man dann doch zuerst an der Art zu gehen oder mit den Armen zu schlenkern), das liegt nicht nur daran, daß mir während der zurückliegenden zwanzig, fünfundzwanzig Jahre nur zwei-, dreimal (und das ist schon seltsam für eine so winzige Stadt von nicht einmal zwanzigtausend Einwohnern) eine frühere Schulkameradin, ein Schulkamerad über den Weg gelaufen ist. Sie gehen – so wie ich selbst – wohl sonstwo ihren Dingen nach. Nein, keinen mehr zu erkennen liegt daran, daß in das Häusergebiet aus den 1960ern gänzlich unbekannte Menschen gezogen sind, die nicht selten auf Russisch etwas aus den Fenstern rufen, und von der Straße wird ihnen auf Russisch geantwortet, und, richtig, jetzt wird auch der andersartige Fensterschmuck sichtbar, die buntere Dekoration, die anders gerafften Gardinen. Die Russen sind Deutsche aus Rußland oder Kasachstan oder weiß Gott woher, und aus ihrer fernöstlichen Perspektive mag für sie dieser Fleck in der Mitte Europas schon ein Teil des erträumten Westens sein. Aber wer will ihnen das vorhalten? Und warum?

Sind nicht Polen, Tschechen, Slowaken und Ungarn nach dem Fall des Eisernen Vorhangs bis zur Überempfindlichkeit darauf bedacht gewesen, den Ruch des Osteuropäischen loszuwerden und sich bei jeder Gelegenheit zu Mitteleuropäern zu erklären, was aber nichts anderes hieß, als daß auch sie ›Westen‹ sein wollten? (Abgesehen von den Gelegenheiten, bei denen es um wirtschaftliche oder finanzielle Hilfe für Osteuropa ging, da waren sie dann eben Osteuropäer. Aber auch da, wer will ihnen das verdenken?) In dem Haus, in dem ich meine Kindheit verbracht habe, wird jetzt Russisch gesprochen, und aus dem Kindheitsgebiet wird nach und nach eine andere Welt, die mit unförmigen warmen Winterstiefeln daherkommt, mit Frauen, die in dicken Wollröcken und -mänteln und mit bunten Kopftüchern so gemächlich durch die Straßen gehen, wie das in meiner Kindheit eine Frau nie getan hätte, wenn sie sich nicht dem Vorwurf der Untätigkeit ausgesetzt sehen wollte. Und diese andere Welt blitzt auf in den von ihnen geliebten Goldzähnen der fernostdeutschen Schwestern und Brüder, deren Kinder und Enkel es in Deutschland geschafft haben und das durch das Vorfahren in einem Mercedes Benz anzeigen, dem sie dann in Jogginghose und mit Turnschuhen entsteigen. Mitteleuropa ist schon immer ein Transferraum der Völker gewesen, auch die Straße meiner Kindheit weiß davon, und so mischen sich unter die gemächlichen Rußland- oder Kasachstandeutschen vereinzelt auch kinderwagenschiebende Türkinnen, schlurfschlappig im Sommer ein fernes Geräusch über den Fußweg ziehend, die Haare haben diese Frauen freilich unter anders gemusterten Seidentüchern verborgen als die deutschen Russinnen oder russischen Deutschen. Das ihnen allen gemeinsame Merkmal aber ist das Gemächliche; das unterscheidet sie von den Einheimischen.

Einheimische …, nun ja. Hinter unserem Hauseingang in der 60er-Jahre-Wohnungsgenossenschaft (zum Entree gehörten da hunderte selbst geleistete Aufbaustunden meines Vaters) ging es auf vier Etagen zu acht Wohnungen. In meiner Kindheit, in der das Haus voller Kinder und Jugendlichen war, stammten von den acht Familien nur vier so richtig und ganz und mit allen Familienmitgliedern aus der Gegend, waren also nur fünfzig Prozent der, wie es hieß, Hausgemeinschaft, Einheimische. Die anderen Familien kamen (zumindest einzelne ihrer Mitglieder) aus Thüringen, Schlesien, Böhmen und Ostpreußen. Und die Schlesier verriet ihr Familienname gar als Hugenottenabkömmlinge; aber das Hugenottische war schon völlig verblichen, nur der Name haftete ihnen noch an, wie einem ein Muttermal anhaften mag, das alle Angehörigen einer Familie vererbt bekommen.

Bei den Ostpreußen ging ich ein und aus, ich hatte bei ihnen einen Kindheitsfreund. Er hatte blauschwarzes Haar, das schon kein Haar mehr war, sondern bereits dünnerer Draht. Ich war ganz blond, und wir sahen aus wie Max und Moritz. Noch immer höre ich Max' ostpreußische Großmutter (einen Großvater gab es nicht, sie hatte ihre Kinder nach der Flucht allein großgezogen) am Kaffeetisch in ihrer wunderlichen und wunderbaren Sprache erzählen. Noch immer sehe ich meinen Kindheitsfreund, seine zwei älteren Brüder und mich, wie wir unser Stück Rührkuchen fixierten und Stück für Stück in den Mund stopften, den Mund mit dem Kuchen verstopften, und dabei liefen uns die Tränen über die Wangen, die ostpreußische Großmutter erzählte und erzählte, und wir fanden ihren Dialekt zum Schreien komisch. Wenn wir einander angesehen hätten, dann hätten wir losgebrüllt, wir vier, die wir alle von der Hausherrin gestrickte Pullover trugen – ich kann mich an einen knallgrünen kurzärmeligen mit weinrotem Schnürband erinnern –, und die Großmutter mit ihrem dünnen grauen und am Hinterkopf zu einer Zwiebel geknoteten Haar erzählte von fernen ostpreußischen Orten und Begebenheiten, daß uns die Tränen herabliefen. Ich habe ihr Erzählen noch im Ohr, zwar nichts Zusammenhängendes mehr, aber ich höre ihre ostpreußische Stimme. Damals wußte ich natürlich nicht, daß mir am Kaffeetisch solcherart ein Geschenk bereitet wurde. Ich hörte eine Sprecherin eines aussterbenden Stammes, und nichts würde dieses verklingende Sprechen zurückbringen können. Das war Ende der sechziger, Anfang der siebziger Jahre, und daß sie Ostpreußen verlassen hatten, lag damals keine dreißig Jahre zurück. Die Kaffeetafel dagegen ist mir nun schon vierzig Jahre im Gedächtnis … Je weiter ich mich von dieser Zeit entferne, desto näher rückt sie – sagen wir – an das Kriegsende heran, mit dem letztlich auch unser Zusammensein bei Rührkuchen und Kaffee und Milch in jenem Haus der Wohnungsgenossenschaft einer kleinen sächsischen Stadt zusammenhängt. Und dort in diesem Haus wird heute auch Russisch gesprochen. Und auch im Nachbarhaus und in dessen Nachbarhaus. An warmen Tagen schieben Türkinnen mit leichten, um das Haar gespannten Seidentüchern ihre Kinderwagen durch die Straße, während ihre Männer den Döner-Laden am Laufen halten. Stimmen. Stimmen von damals. Böhmen, Schlesien, Ostpreußen mitten in Sachsen. Ausgestorbene und jetzt und jetzt, in dieser Stunde aussterbende letzte Stimmen. Bald ist auch der allerletzte Sprecher, ist die allerletzte Sprecherin verschwunden, und was bleibt, sind ein paar alte Schallplattenaufnahmen, ein paar Ton-Kassetten in einem ethnographischen Institut. Feldforschungsrelikte. Und das Echo in den Köpfen der Kinder und Enkel der Sprecher.

GEHEN ENTLANG DER ELBE, die Lößnitz im Rücken. Kötzschenbroda vorbei, zur Rechten dann Zitzschewig, zur Linken der Fluß …

Wenn ich mich in die Wohnungen meiner Kindheit zurückdenke, dann ist die Einrichtung bei den Böhmen, den Schlesiern, den Ostpreußen stets neu. Immer mehr Neues kam über die Jahre hinzu, bescheidener Wohlstand auch in Ostdeutschland, doch was heißt schon Wohlstand. Altes war dort nicht zu finden. Unsere Wohnungen waren frei von den Insignien des Alteingesessenseins, es gab keine geerbte Kredenz, keine Jugendstil-Möbel, keinen Gründerzeit-Schrank und keine alten schwerrahmigen Bilder. Auch das Besteck, die Gläser und das Geschirr waren neu, nicht selten traf man in den verschiedenen Haushalten gar auf die gleichen Fabrikate. Wenn es stimmt, was ich kürzlich von einem Soziologen hörte, daß neben dem Barock nämlich auch der Jugendstil und dessen Verbreitung ein Merkmal für Mitteleuropa sei, dann waren wir damals außerhalb Mitteleuropas – angekommen? oder dorthin geraten und verschlagen worden? Und dieses Dort, was war das dann? War das ›der Osten‹, weil die allgegenwärtigen russischen Besatzungstruppen uns tagtäglich daran erinnerten, wo wir da lebten? Für die im ›Westen‹ war das wohl so. Hin und wieder fand sich aber doch eine braungetönte Fotografie, ein

Brautbild der Großeltern vom Anfang des 20. Jahrhunderts etwa, das sich bei der Flucht oder Vertreibung noch rasch hatte in die Jacke stecken lassen und das an etwas ganz anderes, an eine ganz andere Welt, erinnerte, die nur in den Erzählungen noch existierte, welche sich beim Anblick einer solchen Fotografie entspinnen konnten. Die Landschaften und Dörfer meiner ländlichen Familie, die da herbeierzählt wurden, schienen jahrhundertealt, vor allem aber jahrhundertefern zu sein, und wenn die Erzähler dann ihren Blick aus jener Welt zurückholten, fiel er auf ihre Wohnungseinrichtungen der siebziger Jahre, deren skurrile Muster und Farben, so scheint es mir jetzt, keine andere Aufgabe hatten, als alles Gewesene zu verjagen und die Familie in die Gegenwart zu treiben.

Wie anders dagegen die Wohnung jenes einen Jugendfreundes im – was sonst? – alten Teil der Stadt, dem mit den jahrhundertealten Häusern, welche auf den Trümmern der Stadt gebaut worden waren, die die Schweden im Dreißigjährigen Krieg hinterließen, nachdem sie die Bevölkerung in der ›Creutz- und Marterwoche‹ von 1637 getötet oder tagelang gequält hatten. Die Schweden waren – neben ein paar anderen – ohne Zweifel die Ausrottungsexperten des siebzehnten Jahrhunderts, ein Ruf, der ihnen noch lange anhaften sollte. Ihr späterer Imagewandel ist aber geglückt; an ihm ließen sich europäische Vergessenswege (oder Vergebungswege?) studieren und nachzeichnen.

In der altstädtischen Wohnung jenes Jugendfreundes gab es all das, was es bei uns nicht gab: schwere alte Möbel, einen abgewetzten, samtbezogenen Sessel, verschnörkeltes Geschirr, nachgedunkelte Ölgemälde … Später las ich dann in der Literatur der Polen, bei Stefan Chwin etwa oder Olga Tokarczuk, daß sie sich in Danzig oder Schlesien erst damit arrangieren mußten, in den Häusern und Wohnungen von Fremden zu leben, umgeben von den auch alleralltäglichsten fremden Dingen jener nach Westen gejagten fremden Deutschen, die aber in ihrer Hinterlassenschaft wohl zu einer geisterhaften Präsenz gelangt waren. Zumindest liest es sich so. Die Schriftsteller standen also auch vor der Aufgabe, eine Erzählung zu den fremden Dingen zu finden. Man lese nur das Kapitel *Die Dinge* in Stefan Chwins im Deutschen

– plump und marktschreierisch – zu *Tod in Danzig* umbenanntem Roman *Hannemann*. Und die Schriftsteller, die aus den Gruppen jener ins Nachkriegsdeutschland verschlagenen Ostpreußen, Schlesier, Böhmen hervorgegangen waren, standen, wenn sie sich denn den Vor-Geschichten zuwandten, vor der Aufgabe, eine Erzählung ohne die Dinge zu finden. Auf der Suche nach solchen Erzählungen sind die einen wie die anderen noch heute, und auch das ist etwas, was Mitteleuropa ausmacht, weil Mitteleuropa eben, siehe oben, auch und nicht zuletzt ein Erzählraum ist. Vielleicht ist es sogar in erster Linie ein Erzählraum, und vielleicht verstehen die einen beim Lesen oder Hören dieserart Erzählung der anderen die andern ja auch (momentlang). Möglicherweise müssen wir sogar den Schritt über den Erzählraum hinaus tun und Mitteleuropa eben nur und als nichts anderes als erzählten Raum sehen?

Und könnte es nicht sein, daß die imaginierte Welt (sei sie das vorsozialistische Danzig, sei sie Schlesien oder ein böhmischer Niemandswinkel) nicht darauf beschränkt ist, nur ein Blick in die Vergangenheit und am Leben erhaltendes, bewahrendes Erzählen zu sein? Könnte es nicht sein, daß das gegenwärtige deutsche literarische Erzählen über Verlorenes in Mittel- und Osteuropa auch ein gegenweltliches Erzählen ist, das ein kulturelles Hinterland mit allen Aspekten von Vertrautheit und Fremde als Gegenpol zu einer in Globalisierung sich scheinbar oder tatsächlich auflösenden Welt imaginiert?

Ein paar Dinge haben im Lauf der Jahre dennoch zu mir gefunden: ein Grundbesitzbogen (Arch pozemnostní) vom Anfang des zwanzigsten Jahrhunderts, der über den urgroßväterlichen Grundbesitz am Goldberg und am Fuchsberg im Kronland Böhmen Auskunft gibt, sowie ein anderer, der Äcker und Wiesen in Hinterndorf verzeichnet. Und dazu der Notariatsakt des Herrn Notars Rudolf Werner in Kratzau, mit dem im Jahr 1935 der Verkauf des urgroßväterlichen Besitzes an meinen Großvater beglaubigt und worin auch das »Ausgedinge« festgehalten wird, nämlich daß meinen Urgroßeltern Anna und Anton »und zwar täglich ein Kilogramm gut ausgebackenes Kornbrot, ein Liter Vollmilch, wöchentlich ein dreiviertel Kilogramm gute Naturkuhbutter, vier Stück frisch gelegte Hühnereier, jährlich sechshundert Kilogramm Speisekartoffeln, fünfzig Kilogramm Weizenmehl und der vierte Teil des bei der Wirtschaft erbauten Obstes« gebührten. Und dann ist da noch das kleine Detail in dem zweisprachigen Notariatsakt: in der tschechischen Version heißen Urgroßvater und Großvater nicht mehr Anton und Wenzel, sondern Antonín und Václav. Womit, nach solcher Lesart, mein Vater dann der Jindřich wäre und ich der Jiří.

Auch bei dem österreichischen Dichter und Bildstockmaler Richard Wall, der sich als letzten hühnerhaltenden österreichischen Dichter bezeichnet, taucht er auf, der Grundbesitzbogen, der Arch pozemnostní, in den 12 Sequenzen des *Schlachtbrett und Bauernopfer* aus dem Band *Hinter dem Niemandsland* (hrsg. von Habringer/Kohl/Weber, Grünbach 2003), in dem die böhmerwälder Wallsche Mutter von der Zeit des Bevölkerungsumschlags nach der Enteignung der Deutschen berichtet. »Wir mussten der Familie – Mann, Frau, drei Buben – die Wohn- und Wirtschaftsräume zeigen. Sie haben uns die Schlüssel abgenommen und sich in die Betten der Eltern gelegt. Vater und Mutter durften den Hof nicht verlassen und mußten für sie Dienstbotenarbeit verrichten.«

Es ist eine seltsame Papierwelt, die da auf uns gekommen ist, ja, im Grunde genommen ist so ein Grundbesitzbogen nichts weiter als ein sparsam gearbeiteter Roman oder eine lange Erzählung, die sich jeder hersagen und wobei er mit den Ortsnamen und mitteleuropäischen Gegenden – ganz Romancier, ganz Erzähler – spielerisch verfahren kann.

Es ist dann aber doch nicht nur der Grundbesitzbogen in meinen Besitz gelangt. Neben dem Rosenkranz meiner Großmutter (ohne Kreuz, wer weiß, wo das abgeblieben ist) halte ich nun auch das Heiligenbildchen in Händen, das meine Großmutter meinem Vater mit in den Weltkrieg gab. Es zeigt den Heiligen Franziskus von Assisi, und auf der Rückseite steht nebst dem Segen des Heiligen ein Gebet.

Herr, mache mich zum Instrumente Deines Friedens:
Wo sich Hass vorfindet, lass mich Liebe zeigen:
Wo sich Beleidigung vorfindet, Verzeihung:
Wo Zweifel herrscht, Glauben:
Wo Verzweiflung ist, Hoffnung:
Wo Finsterniss, Licht:
Und wo sich Trauer vorfindet, Licht!
O goettlicher Meister, gewaehre dass ich nicht so sehr suche
getroestet zu werden, als Trost zu spenden;
Verstanden zu werden, als zu verstehen;
Geliebt zu werden, als zu lieben;
Denn durch Geben empfaengt man,
Durch Verzeihen wird man verziehen;
Und es ist durch den Tod, dass wir zum ewigen Leben geboren
werden.

Vielleicht – alles scheint hier mit *vielleicht* anzufangen oder anfangen zu müssen –, vielleicht hat der Heilige Franziskus auch bei der Urlaubsgestaltung meiner Eltern seine Hände im Spiel gehabt, so daß es doch nicht nur die nicht vorhandene Reisefreiheit im Osten (im OSTEN!) war, die dazu führte, daß während der 1970er und 1980er Jahre ostdeutsche und tschechoslowakische Betriebe ihre (wie es hieß) Ferienobjekte tauschten? Bei einem dieser Urlaube freundeten sich meine Eltern mit Tschechen an und umgekehrt, so daß es über die Jahre hinweg gegenseitige Besuche und Ferienaufenthalte gab. Vielleicht war das eine Form der Anziehungskraft derjenigen, die sich doch eigentlich abstoßen sollten? Vielleicht vermißte da ein jeder etwas? Vielleicht … Und auch das ist eine mitteleuropäische Geschichte, da sie mit *vielleicht* beginnt.

Böhmen, Schlesien, Ostpreußen, Kasachstan, Rußland, Türkei. Fünfzig Jahre Hauseingang in einem sächsischen Provinzstädtchen, das an einem heißen Sommersonntag so ausgestorben wirkt wie ein galizisches Nest bei Joseph Roth. Was für ein, würde es denn gefeiert, Fest zum fünfzigsten Geburtstag jenes Wohnungsgenossenschaftshauses gäbe das, wenn auch vielleicht nur für einen Tag, in dieser mitteleuropäischen Kindheitsstraße (setze ich hier nun ein Frage- oder ein Ausrufezeichen?). Über der Stadt manchmal weithin zu hören der Glockenton vom Turm der dem Heiligen Wenzel geweihten Kirche. Wenzel/Václav: Heiliger zweier böhmischer Völker, ermordet von seinem Bruder.

GEHEN ENTLANG DER ELBE, die Lößnitz im Rücken. Kötzschenbroda vorbei, zur Rechten dann Zitzschewig, zur Linken der Fluß. Das sich weitende Tal mit Feldern und Brachen und großen Obstgärten bei Brockwitz … Das Rhythmusfinden zunächst, das Atemfassen …

In den nördlichen Ausläufern Böhmens, da wo einmal die letzten Zipfel des Habsburger Riesenreichs sich in Feldern und Wäldern verloren, ganz dicht an der schlesischen Grenze, der zu Polen jetzt, im Wallenstein-Land, d. h. nicht weit von Friedland, wo Kafka in der *Feintuch Fabrik Siegmund* einst für die *Arbeiter-Unfall-Versicherungsanstalt für das Königreich Böhmen in Prag* Versicherungsfragen prüfte …, – von fern zu hören eine Prozession, die sich langsam nähert. Die zumeist jungen Leute gehen, singen, bleiben stehen, beten. Als sie nah herangekommen sind, ist zu erkennen, daß vornweg ein ebenfalls nicht alter Mann – der Pfarrer?, der Katechet? – geht. Ich sitze am Wegrand zu Füßen eines Marterkreuzes oben auf einem Hügel, einem kleinen Berg, ein paar, was sonst?, Linden stehen da, rundherum Felder oder besser almhafte Wiesen. Die nicht sehr große Prozession kommt zu einem Halt, der Mann lächelt, dann singen sie wieder und beten und ziehen mit ihrer in der ersten Reihe hocherhobenen Prozessionsfahne schon weiter. Wir haben kein Wort miteinander gesprochen, dennoch war da nicht das Gefühl, daß wir das hätten tun sollen. Bald sind sie den Hügel hinabgegangen, den ich mit dem Fahrrad unter Mühe heraufgeradelt war, von der Neiße unten dreihundertfünfzig Höhenmeter hinaufgeradelt, von Weißkirchen/Bílý Kostel über Wetzwalde/Václavice in Richtung Kratzau/Chrastava – und tatsächlich, der Flurname »Zu den Fichten«, den ich später zu Hause auf einer k. u. k.-Karte finde, ist bei der Tschechisierung nach dem Krieg bloß übersetzt worden –, rechtsab blieb bei meinem Radeln also »U smrků« liegen, und dann scharf hinauf über Nieder und Ober Wittig/Dolní und Horní Vítkov (irgendwo hier ein Schild »Na prodej« – Zu verkaufen) an einem schönen in einen Hang gesetzten Fachwerkhof, bis zum Marterkreuz zwei, drei Kilometer außerhalb und etwas mehr als sechshundert Meter hoch gelegen … Die Prozession ist rasch verschwunden, und nur von fern noch ist etwas vom Prozessionssingen zu hören. Dafür nun wieder laut vernehmbar das durch die Luft über mir fallende Trillern einer Lerche, das mich außerhalb der Ortschaften den ganzen Tag schon begleitet.

Die da in einer Prozession durch den nicht ganz nördlichsten, aber doch sehr nördlichen Zipfel Böhmens zogen, waren junge Polen, wer weiß, wohin, zur Haindorfer Wallfahrtskirche im Isergebirge hätten sie den Weg in die andere Richtung einschlagen müssen, oder doch nicht? Nur ein paar hundert Meter entfernt läuft die Grenze zu Polen über die Wiesen und durch das Unterholz kleiner Wälder oder das dichte Gebüsch, das, sieht man nur genau hin, dann sieht man es auch, vor langer Zeit einmal an Feldrainen gewachsen war, vielleicht das eine Feld vom andern abgrenzend, den Besitz des einen von dem des andern, den Nachbarn vom Nachbarn. Von der kleinen Bergkuppe ist nun zu sehen, daß die jungen Polen unten der Straße weiter hinab folgen, ihre Fahne schaukelt, vom Gesang ist nichts mehr zu hören. Sie ziehen durch einen dünn besiedelten Teil Böhmens, durch einen seit dem Kriegsende dünn besiedelten Teil, einen durch Aussiedlung entvölkerten und dann nicht mehr richtig wiederbesiedelten Teil Böhmens, das zu jener Zeit eine der atheistischsten Gegenden Europas geworden ist. Singend zogen sie am Marterkreuz vorbei, dessen deutsche Sockelinschrift im Lauf der Jahrzehnte verwittert und dazu von Gräsern überwachsen ist. Vielleicht kommen sie aus den Dörfern drüben auf der schlesisch-polnischen Seite, Dörfern, die einmal zu Sachsens schlesischem Teil gehört haben, wohin ihre Eltern und Großeltern nach dem Weltkrieg – als der östliche und immer schon umstrittene Teil Polens an die Ukraine abgetreten werden mußte – umgesiedelt worden waren, denn die Sowjetunion dachte gar nicht daran, das bei ihrem Angriff auf Polen vom September 1939 eroberte polnische Gebiet zurückzugeben. Aus dem Osten umgesiedelt, um das nach Westen verschobene Polen in dem von den Deutschen leergeräumten neuen Teil Polens mit Menschen aufzufüllen.

Von dort, aus diesen nun polnischen Dörfern (Sommerau, Oppelsdorf, Lichtenberg im Königreich Sachsen, sagt meine an der Grenze nicht endende k. u. k.-Karte des Bezirkes Reichenberg) herkommend vielleicht, zog die Prozession am Marterkreuz vorbei, sangen die jungen Polen auf böhmischem Boden polnische Marienlieder, und ein Stück Wegs nur über die almhafte Wiese hin stand in der Luft über dem Grund noch immer die Lücke, stand eine leere Stelle, ein Kahlschlag, weil das Dorf, das einmal auf der Bergkuppe gelegen hatte, geschleift worden war: Hohenwald, Bezirk Friedland, Königreich Böhmen, ab 1918 dann ČSR. Und einen kleinen Augenschwenk nur weiter auf der – »Entworfen u. gezeichnet v. Oskar Hirschmann, Bürgerschullehrer in Liebenau« – k. u. k.-Karte Namen wie Erzählungen: Kaisergrund, Drachenberg, Jungfernlehne, Lange Farbe, Gewitterfichte, Ölberg und Steinkoppe. Das Verkaufs-Plakat »Na prodej« übrigens galt nicht für Ausländer. Europäische Union hin, Europäische Union her, die für Europäer geltenden Freiheiten und Rechte schränkte der tschechische Staat ein, damit rückkehrwillige Sudetendeutsche nicht etwa Immobilien in Böhmen erwarben, vielleicht sogar, wenn sie denn zum Verkauf standen, die einst enteigneten eigenen Immobilien. Und umgekehrt schotteten die Altmitglieder der europäischen Union ihre Arbeitsmärkte gegen die da aus dem Osten ab. Verworrenheit, das alles. Nicht mehr, nicht weniger.

Von da oben der Blick hinab ins Schlesische, wo zwischen Bogatynia, wie der polnische Name Reichenaus lautet, und der Neiße im Westen, hinter der auch Zittau erkennbar wird, die Welt in einem riesigen Tagebau verschwunden ist. Nur an den Rändern hängen noch einige Orte wie an einer Klippe. Es ist, als wollte Polen diesen ihm zugefallenen südwestlichen Zipfel Land abtragen und zum Verschwinden bringen, damit es so seinen Grenzverlauf bereinigt. Das ist einer jener Winkel, die sich den Beinamen ›Ende der Welt‹ verdienen.

Am Ende solcher Tage, die jeder einzelne wie eine Reise in entlegenste Gegenden sind, weil in ihnen eine gänzlich andere Zeit zu herrschen scheint, eine Zeit außerhalb der Zeit, so gottverlassen wirken manche Dörfer und Städte da, eine Zeit, die nichts mit

der profanen Zeit zu tun hat, mit der uns alle fressenden Aller-
weltszeit, die nur hundert Kilometer weiter schon galt, die in den
Radionachrichten galt, wenn man sie denn hörte, am Ende solcher
Tage in Böhmen oder Mähren immer wieder auch Übernachtungen in, wie es so heißt, Privatquartieren. Übernachtungen also
in Häusern, in denen einmal Deutsche gelebt haben; und nicht
selten tauchen dort – als Dekoration – mit deutschen Sinnsprü-
chen verzierte Tücher oder Geschirr auf, was aber sicher nicht an
die verschwundenen Bewohner von einst erinnern soll, sondern
eben bloß dazu da ist, ein heimeliges Gefühl heraufzubeschwören,
wie es denn alte (um nicht zu sagen ›antike‹) und zu Dekorati-
onszwecken herangezogene Dinge überall sonst auch tun. Hinter
dem Heimeligen wartete dann aber auch die Frage, wie sich denn
die neuen Hausherren gefühlt haben mögen, als sie sich in die Betten der Vertriebenen legten, deren Werkzeug in die Hand nahmen,
deren Geschirr benutzten. Was mag in den neuen Hausherren
vorgegangen sein? Hatten sie ein Gefühl von Genugtuung, war
ihnen das eine Wiedergutmachung für das unter den Deutschen
Erlittene? Muß man, um in das einem Fremden weggenommene
Haus einzuziehen, ein irgendwie besonderer Mensch sein? Einer
mit enormer Lebenskraft und einer Gewißheit, die vielleicht aus
einem Satz wie ›So ist das nun einmal‹ gezogen wurde? Und: darf
ich diese Fragen aussprechen, ja, in mir überhaupt zulassen, wo
doch die Arisierungspraxis der Nationalsozialisten den Deutschen nicht nur individuell, sondern auch als Gesellschaft eine
Bereicherung über die Maßen gebracht hatte?

Am Ende solcher Tage, inmitten einer sanften Landschaft, einem
verschlafenen Ort und Haus herrscht dann aber eine noch andere Zeit, habe ich immer wieder das Gefühl eines Zeitsprungs
gehabt (mit der Befürchtung, ob ich denn je wieder zurück an
den richtigen Platz finden würde, also *back to the future*), weil in
einem Zimmer eines solchen Privatquartiers eine Zeit fortgel-
ten konnte, die andernorts und überall sonst längst vergangen
war. Die Sinnsprüche oder Hausfrauenweisheiten, kaum wer
kann sie lesen, kaum wer – keiner? – kümmert sich darum. Und
fast gleichzeitig steht vor mir die Frage: Warum sollte sich wer
darum kümmern? Geschirr, Gläser, Tücher, Kissen und Möbel

waren eben nicht nur antike Deko, sondern auch Artefakte einer untergegangenen Kultur, und mit der lag ich am Ende solcher Reisetage manchmal in einem jener noch existierenden und vermieteten Uralt-Betten der verschwundenen Seinerzeit-Bewohner. Einerseits lag ich da durchaus mit dem leisen Gefühl, als fernes, nachfahrendes Absprengsel des deutschböhmischen Stammes ja guten Gewissens in dem Bett liegen zu können, guten Gewissens, weil ja Fleisch vom Fleische ... Andererseits meldete sich stets auch das Gefühl, etwas Unrechtes zu tun, etwas Ungehöriges als ein eingemieteter Gast bei denen, die in die leeren Häuser der Davongejagten gezogen waren, als Gast, der, anders als mancher der zahlreichen Mitteleuropa durchstreifenden holländischen Touristen – aber die übernachteten sowieso meist in ihren Wohnwagen – darum weiß, in wessen, nein, nicht in wessen, sondern in was für einem Bett er da liegt. Und kurz vor dem Einschlafen der – in einem beruhigende wie beunruhigende – Gedanke, daß um die Bettpfosten des altersschwachen Bettes zumindest noch Traumfetzen aus den Träumen der in der Zeit verschwundenen Deutschböhmen wabern, verwoben mit den fast ein dreiviertel Jahrhundert alten Traumschwaden der tschechischen Böhmen, jener zu Nachfolgern im Haus gewordenen Nachbarn (wenn man sich denn je als Nachbarn gesehen und empfunden hat) von einst. Mit letzter Kraft dann manchmal aus dem letzten Winkel des einschlafenden Gehirns hervorgekramt die Frage: Was haben denn wir, die Vermieter und ich, mit euch von damals zu tun? Laßt uns doch alle in Ruhe! Und dann der freie Fall in den Schlaf, aus dem ich am Morgen am Frühstückstisch auftauche bei einem frischen Hörnchen (rohlík) und türkischem Kaffee. *Dobré ráno!* Und ein paar Radiomoderatoren sind völlig aus dem Häuschen, wer weiß, warum, aber in tschechischen Radiosendern scheint eh alles der Devise zu folgen: Hauptsache laut. Hat der Dichter Reiner Kunze nicht schon vor Jahrzehnten über die Tschechen gesagt, »ein bißchen leiser könnten sie sein«? Es gibt sie also doch, die Konstanten in Mitteleuropa.

Laßt uns doch in Ruhe! Vielleicht muß hier aber von einer Forderung zu einer Frage gewechselt werden. Wann läßt uns das in Ruhe? Und wenn es schon in den Orten und Häusern kein

Ausweichen vor den Vor-Geschichten gibt, vielleicht hat es sich wenigstens in der nun grenzenlosen Landschaft beruhigt? Schöner Gedanke, kleine Hoffnung. Der böhmisch-sächsische Grenzverlauf geht auch genau über den Gipfel der Lausche, und von ihrem zugigen kleinen Plateau läßt es sich weit hinein ins Böhmische Becken und Richtung Westen auf Basaltkegel blicken, »wo das ganze Land aussieht wie ein bewegtes Meer von Erde, die Berge, wie kolossalische Pyramiden, in den schönsten Linien geformt, als hätten Engel im Sande gespielt –«. Der vor der böhmischen Wunderwelt staunende Preuße Kleist … Ein schmaler Steig führt entlang der Grenze, etwas weiter unten steht auf deutscher Seite die *Wache*, ein altes, sehr altes Grenz-Gebäude, bei dem die Wanderer heute unkontrolliert und wie sie wollen von Böhmen nach Sachsen hinüber und zurück wechseln. Auf tschechischer Seite befindet sich ein Stein, dessen Inschrift an den Kampf des tschechoslowakischen Militärs gegen sudetendeutsche Freikorps im Jahr 1938 erinnert; nur vier, fünf Meter weiter erinnert die Inschrift eines während der 1990er Jahre aufgestellten Steines auf der sächsischen Seite daran, daß über den Grenzübergang *Die Wache* »im Jahre 1945 Sudetendeutsche aus ihrer seit Jahrhunderten angestammten Heimat jenseits der Grenze vertrieben« wurden. Nein, auch in der grenzenlosen Landschaft hat es sich nicht beruhigt. Die Erinnerungskämpfe mitten im Wald – Auge um Auge, Stein um Stein –, wenn die jeweilige politische Empörung verraucht ist, dann werden sie erkennbar als das, was sie auch sind: Schmerzensspuren und wechselseitiger Ausdruck noch immer spürbarer Schmerzen. Und ich sehe solche Steine (deutsch-polnische, polnisch-ukrainische, ungarisch-slowakische, österreichisch-italienische, serbisch-kroatische/bosniakische/albanische …) verteilt über Europa, über Mitteleuropa, als wären sie die eigentlichen Hoheitszeichen dieses Gebietes und nicht jene Steine mit den eingravierten Staatskürzeln. Als hätten, um noch einmal Kleist heranzuziehen, *gefallene* »Engel im Sande gespielt« …

GEHEN ENTLANG DER ELBE, die Lößnitz im Rücken. Kötzschenbroda vorbei, zur Rechten dann Zitzschewig, zur Linken der Fluß. Das sich weitende Tal mit Feldern und Brachen und großen

Obstgärten bei Brockwitz ... Das Rhythmusfinden zunächst, das Atemfassen ... Deklamieren von Gegenden, von Orten.

Möglicherweise haben wir uns daran gewöhnt, daß die Erzählungen aus der Mitte Europas klingen, als wären es Erzählungen von Reisen in fernste Welten. Möglicherweise hängt das damit zusammen, daß sich in der Mitte Europas innerhalb von Jahrzehnten oder gar nur Jahren die Welt völlig verändern kann, daß Reiche und Staaten verschwinden und andere neu entstehen, daß ganze Völker verschwinden oder aber Volksgruppen an anderer Stelle erscheinen und nicht mehr da, wo sie jahrhundertelang gelebt haben. Ihre Erzählungen sind Erzählungen aus fernsten Welten und Zeiten, auch wenn sie nur vom gestrigen Tag sprechen. Raum und Zeit scheinen in der Mitte Europas in einem anderen Verhältnis zueinander zu stehen als, sagen wir, in Großbritannien. Die mitteleuropäischen Begegnungen von Völkern beinhalten neben dem Aufeinandertreffen grundverschiedener immer auch das Aufeinandertreffen einander ähnelnder räumlicher und zeitlicher Vorstellungen und Erzählungen. Nicht zuletzt das macht den Erzählraum in der Mitte Europas aus, daß wir einander kennen und gleichzeitig einander fremd sein können wie nur je. Wir finden hier ein aus Generationen und Abergenerationen erwachsenes Neben-, Mit-, Gegen-, Über- und Durcheinander, von dem die Völker in der Mitte Europas erzählen können und müssen. Vielleicht sind es auch Unterschiede dieser Art, die aus der Mitte Europas ›Mitteleuropa‹ machen, was eben etwas anderes und mehr ist als nur eine geographische Mitte. Es ist auch mehr als ein mit politischem Gebrauchswert aufgeladener Terminus, der besonders gern von jenen verwandt wird, die sich unter der Berufung auf Mitteleuropa vom Osten (vom Zaren, vom Sowjetimperium, von der gegenwärtigen weißrussischen Diktatur, von Rußland) abgrenzen wollen.

Mitteleuropa, das ist in erster Linie ein Erzählraum und ein erzählter Raum, ja, es ist, bei Lichte besehen, eine Erzählung. Und die klingt, als wäre sie von fernher mitgebracht, von einem anderen Kontinent oder auch aus dem in Sachsen gelegenen sorbischen Niederland, wo es, von Bautzen aufbrechend, mit der

Dichterin Roža Domašcyna und ihrem Mann in das Fremde im Eigenen geht. Rožas Mann kutschiert uns zum Gut Schmochtitz, in dessen kurz vor Kriegsende zerstörtem Herrenhaus einmal ein katholisches Priesterseminar untergekommen war. Vorn in das Armaturenbrett des Wagens ist ein kleiner Monitor eingebaut, der beim Rückwärtsfahren zeigt, was hinter dem Wagen los ist, jetzt aber ist er auf Navigation gestellt, eine Straßenkarte zieht über den Bildschirm und dreht sich so, wie der Fahrer das Lenkrad bewegt. Draußen wäscht Regen über die sorbisch-katholische Insel im – muß es hier heißen ›einstmals‹? – protestantischen Sachsen. Ein Pfeil zeigt auf der Monitor-Karte die Position unseres Wagens an, auch wenn durch das Lenken die Karte auf dem Kopf steht; vielleicht aber steht sie ja still und wir auf dem Kopf.

Das alte Gut Schmochtitz ist heute eine Tagungsstätte mit Seminaräumen, Speisesaal und einer Kapelle. Alles gut katholisch. Ab und an trifft sich dort auch die sudetendeutsche (oder deutschböhmische) Ackermann-Gemeinde mit Tschechen, die die Deutschen mit »liebe Landsleute« ansprechen, und vor Jahren war auch ich auf Symposien im böhmischen Kloster Tepl oder in Iglau einer von den »lieben Landsleuten«, denn jene Tschechen, die zu diesen deutsch-österreichisch-tschechischen Tagungen und Tagen anreisen, sehen das so, daß es da Landsleute gibt, die seit Jahrzehnten außer Landes leben, ja, die erst außer Landes geboren wurden und dennoch dazugehören. Auch das ist wohl eine Monitor-Karte, die sich dreht und mal auf dem Kopf steht, nur daß da kein Pfeil die eigene Position anzeigt.

Die in Schmochtitz angestellte Schwester der Dichterin führt uns, die beiden Frauen sprechen Sorbisch miteinander, und immer wenn ich Sorbisch höre, wundere ich mich nicht nur über deutsche Wörter, die wie kleine, andersfarbig schillernde Fische im Schwarm der sorbischen Sprache schwimmen, sondern ich wundere mich – keine geflatterten Rs wie im nahverwandten Tschechisch – über die deutsche Phonetik dieser von nur einigen zehntausend Menschen gesprochenen slawischen Sprache. Es ist die gleiche Phonetik, wie sie die deutschsprechenden Lausitzer auch haben, die gleichen weich geformten a-Laute vor allem, der gleiche Singsang. (Der mich wiederum an den Singsang der Waliser erinnert, die ja auch so ein Randlagenvölkchen sind und mit ihrer Art ganz gut ins Mitteleuropäische hineinpaßten.) Phonetik, Singsang, Färbung – in der Lausitz wird ein Lied mit einer Melodie gesungen, aber in zwei Sprachen und nicht immer miteinander.

Vor Räckelwitz dann ein Marterkreuz am Weg, goldene sorbische Inschrift, der Schmerzensmann ebenfalls goldglänzend. Da werde schon einmal »Sorben raus!« an den Sockel geschrieben, sagt Roža, die Dichterin. Wir fahren weiter, regensatte Wiesen ziehen vorbei, mit Tümpelaugen, die weit aufgerissen in den grauen Augusthimmel starren. Namen wie Erzählungen. Die Ortsteile – Dreihäuser (*Horni Hajnk*, 11 Einwohner), Höflein (*Wudwor*, 136 Einwohner), Neudörfel (*Nowa Wjeska*, 170 Einwohner), Räckelwitz (*Worklecy*, 494 Einwohner) Schmeckwitz (*Smječkecy*, 294 Einwohner) und Teichhäuser (*Haty*, 29 Einwohner). Unter den Söhnen und Töchtern der Gemeinde weiß die allwissende Wikipedia in den letzten einhundert Jahren drei Schriftsteller (!), zwei Fußballspieler, einen Radprofi sowie eine Biathletin aufzulisten. Und eine Schauspielerin. Und einen als »Politiker« Bezeichneten, der aber als sächsischer Ministerpräsident der erste Slawe ist, der ein deutsches Ministerpräsidentenamt bekleidet. Oder das Amt ihn. Wer weiß. Und dann ist da noch Michał Hórnik, »Geistlicher und einer der bedeutendsten Förderer des sorbischen Schrifttums des 19. Jahrhunderts«, wie es bei den allwissenden Wikipediern heißt. Überhaupt ist bei den und für die Sorben die Verquickung von Geistlichem, Intellektuellem, Künstlerischem und Ethnischem von entscheidender Bedeutung. Hórnik besuchte das Gymnasium in Bautzen sowie auf der Prager Kleinseite, bevor er in den 1850ern katholische Theologie und slawische Sprachwissenschaft an der Karls-Universität Prag studierte. Der böhmische Völkerfrühling bezog mit seiner panslawischen Geste auch die Sorben ein, wie er aus dem Süden immer ja auch Serben zu Studium und politischem, um nicht zu sagen, nationalem Erwachen zu Gast hatte.

Regen, und dann der Friedhof von Ralbitz-Rosenthal, dessen Grabkreuze – es gibt keine Steine – allesamt weiß sind und mit einem goldenen Korpus des Gekreuzigten geschmückt, aber ›geschmückt‹ ist hier wohl wirklich nicht das richtige Wort. Nach Ablauf der Ruhezeit werden die Gräber eingeebnet, die Kreuze aber aufgearbeitet und in den Familien verwahrt, bis der oder die Nächste stirbt. So hat manch einer sein eigenes Grabkreuz zu Hause stehen, das einst das der Mutter, das des Vaters war. Die sorbischen oder deutschen Inschriften besagen alle das Gleiche. Vor Gott gibt es hier auch bei der Sepulkralkultur keine Unterschiede (Es ist ein Schnitter, heißt der Tod ..., singt man im Volkslied), und bestattet wird so, wie gestorben wird, also nicht in Familiengräbern, sondern der Reihe nach. Unser Ausflugstag ist ein herbstlich-kühler Augusttag, immer wieder schiebt es über die Lausitzer Hügel regenfette Wolken heran und nordwärts weg auf das flache Land, der böhmische Wind weht kalt aus dem böhmischen Becken über das Lausitzer und das Zittauer Gebirge herüber. Während wir über den Ralbitzer Friedhof gehen, prasselt der Regen auf die Schirme, die Blätter und Blüten der Gottesaugen (oder glaube ich mich nur an Gottesaugen zu erinnern und es sind eigentlich Pelargonien oder etwas ganz anderes?) auf den Gräbern leuchten unter den weißen (die Trauerfarbe der Sorben) Grabkreuzen grün und rot.

Auf dem Wetzwalder Friedhof in Böhmen seien, erzählte mir früher mein Vater, die einen Großeltern (die anderen haben freilich ein an der Mauer gelegenes gemeinsames Grab) ebenfalls nicht in einem Familiengrab beigesetzt worden, sondern in Einzelgräbern. Bestattet – wie hier bei den sorbischen und deutschen Lausitzern in Ralbitz – in der Reihenfolge des Sterbens, sehe ich nun. Nur daß es die Gräber meiner Urgroßeltern, der Großeltern väterlicherseits meines Vaters nicht mehr gibt, lediglich (aber was heißt schon ›lediglich‹?) das Wandgrab des einen Familienzweigs hat sich im Schutz der jahrzehntelangen Überwucherung und Vergessenheit erhalten.

Nicht weit vom Ralbitzer Friedhof, zwanzig Kilometer Luftlinie vielleicht, liegt, ein paar dutzend Schritte nur vom Grab des Schriftstellers Wilhelm von Polenz, eine Großcousine begraben, die Cousine meines Vaters. Von ihr habe ich irgendwann in den

achtziger Jahren den ›Ahnenpaß‹ unserer Familie erhalten, sie
hatte ihn zwischen den wenigen Sachen, die sie auf den Vertrei-
bungsweg mitnehmen durfte, versteckt und mit nach Deutschland genommen. Warum den Ahnenpaß? Hatte sie es geahnt, daß
die böhmischen Neuankömmlinge – von welchen sogenannten
Einheimischen auch immer – in Deutschland als ›Beutedeutsche‹
oder ›Rucksackgermanen‹ nicht willkommen geheißen würden?
Hatte sie befürchtet, bald wieder die richtige ethnische Herkunft
nachweisen zu müssen? Auf und im Ahnenpaß sind alle Haken-
kreuze mit einem Kopierstift unkenntlich gemacht. Und von ihr
an mich übergeben und in jenem Sommer neunzehnhundertfünfundvierzig ebenfalls aus Böhmen und der zweiten Tschechoslowakischen Republik herausgeschmuggelt eine kleine Goldmünze,
zehn Kronen aus dem Jahr 1897 mit dem Bildnis des bärtigen Kai-
sers und der Inschrift franc ios·i·d·g·austr·imp·rex boh·gal·ill·etc·et
ap rex hung.

So ist diese kleine Erzählung hier unter der Hand zu einer Art
Inventur geraten, die folgenden aus Böhmen mitgebrachten Be-
sitzstand ergibt: Einen Grundbesitzbogen (Arch pozemnostní),
einen Ahnenpaß, einen Heiligenbildchen, einen Rosenkranz und
eine goldene Zehnkronen-Münze …

Obwohl wir Wasser genug vom Himmel erhalten, gehen wir drei
Sorbenlandreisenden zur Marienquelle, einer Wallfahrtsstätte,
deren Wasser heilen soll. Und während wir (Heilige Maria, Mutter Gottes, bitt' für uns …) mit den Händen ein wenig Wasser
aus der Quelle schöpfen, gibt es eine kleine Regenpause. Hei-
lung … Schnell kommt aber wieder Regen auf, so daß wir uns
davonmachen, um bei einer Bäckerei mit der Aufschrift *Pjekarnja*
über dem Ladenfenster etwas von dem in der Gegend berühmten
Pflaumenkuchen für den Nachmittagskaffee zu kaufen. Das ist
Delany, das Niederland, sagt die Dichterin, als wir durch einige
weitere Dörfer fahren, um noch vor ihrem winzigen Elternhaus zu
stehen, das ein Neffe gerade ausbaut. Das Niederland, Delany, ist
Teil des sorbischen Siedlungsgebietes, wo die meisten Dörfler das
Sorbische noch sprechen können. Ein wenig Katholisches noch
im Mutterland der Reformation, wo das Evangelische aber auch

schon seit langem nicht mehr tonangebend ist. Der Dreißigjährige Krieg, bei dem es ja auch um Konfessionelles ging, ist tief, tief abgesunken auf den Boden der Erinnerung; die seinerzeit gerade im Namen des jeweils rechten Glaubens zerstörten und ganz von der Landkarte verschwundenen Orte in diesem Winkel Mitteleuropas haben nicht einmal mehr ein Glöckchen, das, wie in Vineta, ab und zu läutet. Dann biegen wir auf die Straße nach Bautzen ein – ah, die sich drehende Karte, der Pfeil! – weil wir wenigstens für einige Augenblicke im St.-Petri-Dom stehen wollen, der größten deutschen Simultankirche, die seit der Reformation 1524 in eine katholische und eine protestantische Hälfte geteilt ist. Draußen wäscht ein kalter Regen über die Sonnenuhr an der Längsseite des Gotteshauses und ersäuft den Sommer vollends.

Simultankirchen, gemischte Siedlungsgebiete, mehrsprachige Ortsschilder, weiße Friedhofskreuze für alle; drei slawische Sprachen warten dicht an dicht hinter der Skala des Radiogerätes, dazwischen das Sächsisch, das vielleicht nichts weiter ist als eine slawische Sprache, die einstmals aus Versehen ins Deutsche gewechselt ist und nicht mehr zurückgefunden hat. Die Navigationskarte auf dem Monitor dreht sich, und wir sind dort, wo die Pfeilspitze hinzeigt: Horni Hajnk, Haty oder Worklecy. Oder wir müssen es glauben, was uns der Pfeil zeigt. Wir sind mitten in Deutschland, es ist ein regnerischer Augusttag, von den großen Bäumen am Schmochtitzer Tagungsort troff schon am Morgen das Wasser von den Blättern, daß es ein Rauschen gab wie am Meer. Bei solchem Wetter müssen wir die sorbische Mittagsfrau wohl nicht fürchten, habe ich da gedacht, aber die beiden andern nicht gefragt, denn wenn sie uns doch erwischen sollte, die Mittagsfrau, dann wäre ja eine sorbische Dichterin dabei, und die hätte erzählen können und mit ihr der Dichterinnengatte, der eben nicht nur der Wagenlenker durch das Niederland war, sondern der in die Erzählung der Gegend Geborene und diese Erzählung ganz unspektakulär Weitergebende, ein Erzähler und ein Brauer dazu, der sich nach der Schließung jener ihm sein täglich Brot gebenden Bautzner Brauerei um 1990 herum für zwanzig Jahre in München verdingte. Man überlege sich: ein Sorbe als Braumeister bayerischen Bieres! Nichts Dramatisches, sagte er. Denn die

Kollegen seien allesamt Jugoslawen gewesen. Oder wie immer sie jetzt hießen, die Jugoslawen.

Erst als ich am Abend über die Autobahn ins Elbtal hinunterfahre, bricht die Sonne einige Strahlenbündel durch die Wolken. Links bleibt Dresden liegen, die Kuppel der Frauenkirche leuchtet, noch ist der Sandstein nicht nachgedunkelt. Zur Rechten strahlt einige Kilometer die Elbe hinab und vor dem dunklen Himmel über dem Fluß der Kirchturm von Weißtropp auf, aus den ihm gegenüberliegenden rechtselbischen Weinbergen der Lößnitz (slaw. *les* – der Wald) steigen Dampfsäulen auf wie die Geister des vor Jahrhunderten dort gerodeten Waldes und als wäre der Deckel von der mitteleuropäischen Erzähl-Schachtel gehoben.

GEHEN ENTLANG DER ELBE, die Lößnitz im Rücken. Kötzschenbroda vorbei, zur Rechten dann Zitzschewig, zur Linken der Fluß. Das sich weitende Tal mit Feldern und Brachen und großen Obstgärten bei Brockwitz … Das Rhythmusfinden zunächst, das Atemfassen … Deklamieren von Gegenden, von Orten. Und mit einem Mal ein Gedanke, eine längst abgelegte Erinnerung an Rumänien. Rumänien? Wann war das? Und warum drängt es sich in das Nachdenken über die Weltgegend hier und im Böhmischen? Wohl, weil es dazugehört, zum Blickfassen und Sehenlernen in Mitteleuropa.

Wir waren vier und dachten uns an einem Wintertag des Jahres 1985 im Leipziger Ratskeller aus, im Sommer 1986 nach Rumänien zu fliegen und von dort per Anhalter zurück nach Leipzig zu gelangen. Eine Mitteleuropareise also, auch wenn sie terminologisch nicht so fixiert war, denn Mitteleuropa gab es noch nicht …

Im Sommer 1986 hatte Ceaușescu Rumänien noch im Griff – an den Ortseingängen fanden sich dort nicht selten Parolen wie ›Die Epoche Ceaușescus ist die Epoche des Wassers für die Erde‹ –, im Dezember 1989 aber wurde er von einem außerordentlichen Gericht zum Tode verurteilt und von einem Erschießungskommando der Armee erschossen. Jahre später war in der deutschen Wochenzeitung *Die Zeit* ein Interview mit jenem Hauptmann, dem kurzerhand das Kommando über das Peloton anbefohlen worden war, nachzulesen. Er hatte von dieser Aktion überhaupt nichts, keine Vergünstigung, keine sensationelle Beförderung, kein großes Haus, nichts. Er war halt nur der Hauptmann, der den Diktator erschossen hat, und das machte, daß über dem Gespräch etwas Ergreifendes lag.

Wir waren zu viert in Leipzig gestartet, um von Berlin nach Bukarest zu fliegen. Vier junge Burschen, die sich bei der Paßkontrolle in Ostberlin auch gleich, bis auf die Unterhosen ausgezogen, in einem Nebenraum befragen lassen mußten, wohin es denn gehen solle, derweil ihre Rucsäcke fein säuberlich geleert und untersucht wurden. Zwei Tage später fanden wir uns am Schwarzen Meer wieder, wohin wir uns von dem scheinbar in einer Steppe liegenden Flughafen Bukarest-Otopeni auf den Weg gemacht hatten. Einen Tag verbrachten wir am Strand von Ovids letzter Welt, das Meer donnerte heran, an dessen entfernten Ufern in die eine Richtung die Türkei lag und in eine andere die Krim, die Reiche der Antike hatten sich bis hierher ausgedehnt, Rom war weit weg, nicht nur für uns damals eine Unerreichbarkeit, sondern auch für den nach Constanţa, das damals Tomi hieß, verbannten Dichter Ovid.

Von Constanţa eine Fahrt im Schichtbus mitten unter den Arbeitern der Ölförderanlagen, müde von der Schicht, da wirkte ein Rucksack seltsam. Ich erinnere mich, auf der Rückbank des Busses zu sitzen und zur Rechten das Meer zu haben, zur Linken aber Wohnblocks, vor denen der Bus immer wieder hielt. Ich erinnere mich nicht mehr, wie lange die Fahrt gedauert hat und wie weit sie uns geführt hat, nur daß wir dann mit einem Mal in offenem Land standen, umgeben von raschelndem, trockenem Gras. Mitteleuropa war das wohl schon lange nicht mehr. Dann Istria am Schwarzen Meer, eine antike, auf die Griechen zurückreichende Stätte, kilometerweit entfernt von der Küstenstraße; Wasserschlangen, niemand da außer dem Wirt einer Wirtschaft, bei dem wir – erfahrene Reisende hatten uns dazu geraten – unsere vorsorglich in das Mangelland Rumänien mitgenommenen Naturalien (Pfeffer, Kaffee, Rasierklingen) gegen Wein eintauschten und gegen ein paar Lei. Und nichts war von jenem Rand weiter entfernt als die Welt, aus der wir gekommen waren; sofort nahm sich unserer, wenn wir an der Straße warteten, daß uns ein Auto mitnahm, eine andere Zeit an, immer wieder auch übernachteten wir unter freiem Himmel, einmal, auf dem Weg westwärts nach Siebenbürgen, irgendwo im Land in der Nähe eines Bauernhofes. Am Morgen dann das Hineingerufen-Werden durch den Bauern, die Einladung, den Brunnen im Hof zu benutzen – in welches Jahrhundert waren wir geraten? –, die Einladung zum gemeinsamen Frühstück mit frischem, weißem Brot, Tomaten, Käse –, was die Töchter des Bauern (im Teenageralter, dem wir gerade so entwachsen waren, obwohl es nach dem überstandenen Militärdienst wie hundert Jahre zurückzuliegen schien) herbeischafften, und weil die Töchter in der Schule Deutsch lernten, forderte uns der Bauer auf, daß wir jungen Leute miteinander doch sprechen und singen sollten. Wir sprachen miteinander und sangen. Draußen machte sich derweil ein heißer, sirrender Tag bereit. Beim Abwandern dann ein Winken als wären wir seit langem miteinander bekannt und irgendwie zugehörig. Gastfreundschaft, wann immer das Wort fällt, kommt mir jener rumänische Sommertag des Jahres 1986 in den Sinn.

Quer durchs Land, weg vom Meer, durch ein Gebirge gar, und dann unser nächtlicher Einzug in Hermannstadt ... Ceauşescu hatte es den Einwohnern Rumäniens verboten, ausländische Besucher privat zu beherbergen, dennoch hatten wir über viele Bekanntenstationen ein Quartier bei einer alten Frau vereinbart, wir wollten sie aber in der Nacht nicht stören, und so schliefen wir in unseren Schlafsäcken in einem Park und verschliefen dort ein Erdbeben, ein kleines, das aber stark genug war, daß sich am nächsten Tag die Menschen auf der Straße über aus den Schränken gefallenes Geschirr, über schwankende Möbel, über klirrende Gläser unterhielten.

Die alte Frau zeigte uns die für uns bestimmte Kammer, die sich als ein durch einen Vorhang abgetrennter Teil des Waschhauses im Keller herausstellte. Den Nachbarn, denen unser Besuch nicht entgehen konnte, sagte sie, wir seien Neffen aus Deutschland, was einigermaßen auf der Hand lag, sie war eine Siebenbürger Sächsin. Und sie sagte uns, daß sie zwar Verbotenes tue, aber das täten alle in der Straße, die andern Sachsen, die Rumänen, die Ungarn. Und ein jeder Nachbar wisse das vom andern, ein jeder Nachbar habe so den andern in der Hand. Erst viel später ging mir auf, daß die Gastfreundschaft, die uns ›Neffen‹ aus Deutschland ganz selbstverständlich entgegengebracht wurde, noch angereichert war mit dem Gleichgewicht des Schreckens unter den Nachbarn, weil jeder jedem übel hätte mitspielen können. Bevor wir sie wieder verließen, erzählte uns unsere Gastgeberin von ihrem verstorbenen Mann, der nach dem Krieg für Jahre zur Strafarbeit eingesperrt worden war, und der habe gesagt, daß Deutschland nur von denen im Ostteil des Landes wiedervereinigt werden könne, weil die im Westen zu verweichlicht seien, so etwas zu erreichen. Sommer 1986 – drei Jahre später war es dann soweit.

Aber Hermannstadt … Waren wir nicht gerade durch flaches und wirklich fremdes Land gezogen, und das Land hatte eine Weite verströmt, an die reichte auch die von uns als Vergleich herangezogene Ausdehnung der großen landwirtschaftlichen Flächen Mecklenburgs nicht heran. (Womit sonst, wenn nicht mit den endlosen LPG-Feldern der Nordbezirke hätten wir denn vergleichen sollen?) Und auch die überquerten Karpaten hatten uns auf etwas ganz anderes verwiesen als das, was uns dann in Hermannstadt, in Sibiu, erwartete. Dort nämlich fanden wir uns inmitten von Vertrautem wieder, so als hätten wir – von uns unbemerkt und wohl mittels eines geheimnisvollen Reisezaubers – einige hundert Kilometer hinter uns gebracht und als wären wir in einer Stadt angekommen, die in Deutschland liegen konnte, zumindest aber in Böhmen. Barocke Fassaden, enge Straßen und Gassen, gepflasterte größere Plätze, teils mit Arkadengängen drumherum, abends schien sich die gesamte Jugend der Stadt dort zu versammeln. Die Kirchen sahen so aus, wie wir Kirchen kannten; die Fenster der Häuser hatten die altbekannten Rahmen, und auch die Dächer waren geformt wie in deutschen oder böhmischen (und, wie ich nun weiß, in österreichischen etc.) Orten auch. Bis hin zu den Dachziegeln reichte da unser Wiedererkennen, so daß es ganz und gar nicht verwunderlich ist, wenn der Panoramenkünstler

Yadegar Asisi für das zum achthundertsten Stadtjubiläum in einem Dresdner Gasometer präsentierte Stadt-Panorama Dresdens aus dem Jahr 1756 die Hermannstädter Dachziegel abfotografierte, um sie dann als Vorlage für die Dresdner Dächer des 18. Jahrunderts zu nehmen. Zwar wußten wir, daß Hermannstadt eine von Deutschen geprägte Stadt war, daß diese Prägung aber so weit gehen würde, in uns ein Gefühl der Rückkehr wachzurufen, das hatten wir nicht erwartet. Da standen wir mitten in Rumänien, was geographisch so ziemlich stimmte, und befanden uns dennoch irgendwie auch im Eigenen, im Vertrauten, das uns zudem in einer gesteigerten oder seltsam reineren Form vorzuliegen schien, denn vergleichbar große deutsche Städte waren ja nur mit den allfälligen Bombenkriegsnarben zu haben. Ein Blick auf Hermannstadt war so auch ein Blick in die in Deutschland untergegangene Stadtgeschichte, und es dämmerte das Gefühl in uns auf, daß viele deutsche Städte eigentlich so wie Hermannstadt aussehen würden, hätte es das zwanzigste Jahrhundert nicht gegeben. Vielleicht – das Einleitungswort zu mitteleuropäischer Geschichten, siehe oben –, vielleicht beschreibt das sogar ein mitteleuropäisches Gefühl, daß wir, gleich welcher Nationalität, uns bei den anderen und in anderem aufhalten können, dabei stets aber auch von Vertrautem, von Nicht-Fremdem umgeben sind. Damals habe ich das aber nur gefühlt, erst später ging es mir als Gedanke auf.

In Großpold (rumänisch: Apoldul de Sus, ungarisch: Nagypold), einem siebenbürgischen Landlerdorf westlich von Hermannstadt, kehren wir zu viert ein bei wieder einem über einige Ecken Bekannten. Im Nachhinein habe ich den Eindruck, als hätte im Ostblock jeder jeden gekannt und jeder jedem irgendwo ein Quartier besorgen können. Am Abend gibt es im (Wein-)Keller eines der Höfe eine vielleicht heimlich veranstaltete Feier, weil ja Ausländer nicht beherbergt werden dürfen. Während der Feier wird aufgetischt und Wein getrunken, der um das Dorf herum angebaut wird. Die Flasche kommt auf den Tisch und nur ein einziges Glas, das dann von einem zum andern wandert. Wenn man getrunken hat, füllt man das Glas auf und gibt es an die Nebenfrau, den Nebenmann weiter. Auf diese Weise, so wird uns erklärt, müßten auch die wieder miteinander sprechen, die sich, was ja vorkomme, zuvor gestritten hätten.

Damit vor der Öffentlichkeit dem Einquartierungsverbot für Ausländer genügegetan wird, verabschieden wir uns alle zu später Stunde auf der Dorfstraße voneinander, nur um dann hintenherum in die Scheune gelotst zu werden, wo wir im Heu den herrlichsten Schlaf schlafen. Der Jüngste vom Hof führt uns am nächsten Tag die steilen Holzstiegen des Kirchturms hinauf, unter uns liegt der Ort als wunderbares geometrisches Muster, dessen Ränder von Rebstöcken eingefaßt sind. Neben den früher eingewanderten Siebenbürger Sachsen wurden im 18. Jahrhundert österreichische Protestanten angesiedelt, die Landler, und all das gab dem Dorf sein Aussehen, das einem aus Deutschland und Österreich bekannt ist. Wir schauen vom Kirchturm weit hinein ins Land, Rumänien liegt uns zu Füßen. Der sechzehnjährige Sohn des Bauern erklärt uns dort oben und fernab von eventuell Mithörenden, daß er nur darauf warte, nach seinem achtzehnten Geburtstag nach Westdeutschland ausreisen zu dürfen und – mit mehr als nur ein wenig Glück – nicht in Ceauşescus Armee dienen zu müssen. In nicht allzu ferner Zukunft, meint er, würden alle Deutschen aus dem Dorf weggegangen sein. Wir schauen vom Kirchturm auf das Dorf, das in der Sommerhitze liegt, hie und da sind Geräusche zu hören, ein Tier, ein Traktor, eine Stimme.

Jetzt, im Jahr 2011, ist nachzulesen, daß im Dorf Großpold 1990 ca. 1900 Menschen lebten. Davon waren rund 1200 Deutsche, von denen es im Jahr 1995 nur noch um die 140 gegeben habe. Ich glaube, unser taglanger Reiseführer von damals hieß Hans, und Hans, der jetzt um die Vierzig sein müßte, lebt sicher schon seit langem in Deutschland. Ich stelle mir das so vor, daß er in den Sommerferien mit seinen Kindern nach Großpold in Rumänien fährt, durch ein Dorf geht, in dem er kaum noch wen kennt, und seinen Kindern sagt, dort hat einmal der gewohnt und dort die, und das ist einmal der Hof von jenem gewesen, der dort von diesem, und das ist unsere protestantische Kirche … Hansens Kinder werden die Mundart des Vaters schon nicht mehr beherrschen, bestenfalls ein wenig nachahmen können. Stattdessen werden sie schwäbeln oder sächseln oder sich in niedersächsischer Vokaldehnung üben. Als wir 1986 vom Kirchturm über Großpold in Rumänien schauten, war das also schon ein Abschiedsblick. Wenige Jahre später waren die Menschen, welche die Kultur dieses mitteleuropäischen Rands geprägt hatten, verschwunden und mit ihnen auch ihre Alltäglichkeiten, ihre Sprache, ihre Kunst und Kultur. Der über Jahrhunderte ja nicht nur architektonisch, sondern auch als Dorfgemeinschaft gewachsene Ort blieb zwar in seiner (steinernen) Hülle erhalten, doch seine Ausfüllung war mit dem Verschwinden einer Volksgruppe eine andere geworden. Die Kultur der Großpolder Deutschen war zu Ende gegangen, und als Hinterlassenschaften gibt es noch die Höfe und Häuser, den Friedhof, die Kirche der deutschen Siebenbürger. Verstreut über ihre neuen Wohnorte in Deutschland wird sich das leise Aussterben ihrer Mundart ereignen, aber kaum wer wird das wahrnehmen. Und das ist eine Erzählung, die kenne ich, in so eine Erzählung bin ich hineingeboren worden, nur die Orte heißen halt anders und die Namen der einstigen Bewohner unterscheiden sich ein wenig, ansonsten aber ist das der mitteleuropäische Text, diese von der Ostsee bis an die Adria reichende Schriftrolle.

Wie anders kann eine solche Reise weitergehen als mit einer Fahrt in der Feuerwehr? Von Debrecen, das nach den ungarischen Gebietsverlusten des zwanzigsten Jahrhunderts weit in den Osten des Landes gerückt war, ging es so nach Budapest. In der Feuerwehr also, und die Feuerwehrmänner konnten uns auch nicht erklären, warum sich die Werkstatt für ihr Fahrzeug ausgerechnet in Debrecen befand, das war ein Splitter des sozialistischen Alltags, den wir alle nur mit einem wissenden Abwinken quittierten. Wir lagen auf den hölzernen Mannschaftsbänken und kauten Sonnenblumenkerne, die uns der Beifahrer reichte. Wir schauten hinaus in die Puszta, und es war ein herrliches Gefühl, auf unserer Reise, auf der wir doch immer wieder einmal aus der Zeit gefallen waren, abermals und ganz großzügig von der Zeit ignoriert zu werden. Die Feuerwehrleute nahmen uns mit bis mitten hinein nach Budapest, setzten uns in Donaunähe ab, gegenüber ragte der Gellertberg auf, wir gingen über die Elisabeth-Brücke. Dabei hatten wir erst einige Tage zuvor in irgendeiner rumänischen

Verlorenheit und in einem anderen Jahrhundert im Haus des Bauern gesessen bei Weißbrot, Tomaten und Käse und mit seinen Töchtern geredet und gesungen ...

Ah, Budapest! Ja, natürlich, Fischer-Bastei, Dom, Stephansdenkmal, das Parlament. Die Brücken, ihre Größe, ihr Bekenntnis zur Schönheit, wie es sich auf diese Weise nur in einem wirklich großen Zusammenhang ausdrücken und wie es vielleicht nur ein solcher Zusammenhang erst hervorbringen kann. Das war uns klar, nie würde es einem Zwergstaat wie dem von den Kommunisten regierten Splitterteil Deutschlands gelingen, eine solche Geste in die Welt zu setzen, weil zu einer solchen Entäußerung dort die Innenwelt fehlte. Doch nicht nur in den repräsentativen Bauten schien das einstige Donaureich noch gegenwärtig zu sein, auch die Wohnhäuser und die grüne Stadtanlage sprachen davon, daß Budapest nicht irgendeine größere Stadt des Habsburgerreiches gewesen war, sondern die Hauptstadt eines Königreiches. Mit welch selbstverständlicher Gelassenheit ließen die Menschen im Bad auf der Margareteninsel den Tag an sich vorbeiziehen. Wie bedeutend, wie prägend mußte die imperiale Vergangenheit gewesen sein, wenn sich ihr Nachklang noch vernehmen ließ, obschon sich bereits die Schichten zweier Weltkriege und von vierzig Jahren Kommunismus darübergelegt hatten. Oder war diese Gelassenheit die Reaktion auf den Untergang des einst Gewesenen, das Akzeptieren von Verlust und Vergehen sowie die Art und Weise, mit der man dem realsozialistischen Alltag begegnete und sich in ihm einrichtete, um ihn schlußendlich zu überdauern? Möglicherweise war es etwas von all dem, was die ungarischen Grenzer im Jahr 1989 den Zaun nach Österreich durchschneiden ließ. Seltsam: Mit einem Schnitt wurde in Europa etwas wieder miteinander verbunden. Geheilt werden aber konnte nichts.

Sommer 1989 dann, tausende Ostdeutsche harren in Ungarn aus, es deutet sich an, daß die Ungarn sich nicht um die Ostberliner Kommunisten scheren und wohl für jedermann die Grenze nach Österreich öffnen würden ... Sommer 1989, meine Frau und ich schlendern durch Budapest, ich sehe uns noch in einer Ausstellung mit Bildern Henry Rousseaus, des Zöllners, immer noch sehe ich die bunten Wimpel auf einigen seiner Gemälde vor mir, und die großen steinernen Löwen vor der Galerie fallen mir jetzt, in diesem Moment des Aufschreibens wieder ein. Urlaubsalltag eines jungen Paares, während ringsherum der Ostblock zusammenzubrechen beginnt …

Meine Frau und ich schlenderten vom frühen Morgen bis zum späten Abend herum, wir saßen an der Donau und schauten auf den Fluß. Das, was sich im Donauwasser spiegelte, war das die Spiegelung einer Kulisse, die von einer vor langem vom Spielplan der Geschichte abgesetzten Aufführung übrig war? Oder war es das Spiegelbild der majestätischen Reste einer vergangenen Wirklichkeit, die in ihren sichtbaren Resten splitterweise vielleicht gar fortexistierte? Und die Wirklichkeit, war sie die Wahrheit? War das, was wir sahen (und was noch heute zu sehen ist), Kulisse? War es Inszenierung? Und wenn ja, was wurde damit einstmals inszeniert? Mitteleuropa etwa? Und Budapest als alte Hauptstadt eines Königreiches, zu dem die Slowakei genauso gehört hatte wie weite Teile Rumäniens, als Hauptstadt eines Königreiches, in dem zahlreiche Völker gelebt hatten, so daß Ungarn das große Habsburg in einer etwas kleineren Form war? Budapest also als eine, wenn nicht *die* mitteleuropäische Stadt? Bestand darin die Inszenierung? Besteht sie, unter mittlerweile veränderten europäischen Bedingungen, heute noch immer? Insinuiert nach der überwundenen Dikatur der (ja in allen mittelosteuropäischen Staaten verbreitete) Gebrauch von Worten wie ›Rückkehr‹ nach Europa und ›Anknüpfung‹ nicht genau das? Wo aber, bitte, ist man dann gewesen, wenn man zurückkehrte? Bei Staaten läßt sich das vielleicht noch beantworten: im Sowjetimperium, im Ostblock, im Osten. Aber bei Orten? Die mitteleuropäischen Orte, waren die auch weg und mußten die auch erst zurückkehren?

Aber die Donau als Spiegelfläche, der Fluß, der sich von Deutschland quer durch Europa zum Schwarzen Meer zieht und die unterirdischen Adern eines Landes nach dem anderen anzuzapfen scheint, so daß er alsbald als ein Strom und nicht mehr als bloßer Fluß unterwegs ist, diese Donau geht an Preßburg vorbei, an Budapest, an Belgrad und wo sonst noch alles. Immer spiegeln

sich in ihr die vergangenen Wirklichkeiten, die Kulissen, die In-
szenierungen, die alten wie die neuen. Immer aber wird klar, daß
der Fluß sich als einziges nicht inszenieren läßt, weil er schon
da war, bevor die ersten Siedler an seinen Ufern begannen, die
Wälder zu roden und sich niederzulassen. Donau, Dunaj, Duna,
Dunav, Dunarea …

Sommer 1989, meine Frau und ich, wir stehen in der Hitze des
römischen Aquincum, das im dritten Budapester Bezirk entdeckt
und ausgegraben worden war, unweit zieht die Budapester S-
Bahn vorbei. Die Eidechsen verharren auf den hellen heißen
Steinen Aquincums, sie tanken Sonne und Wärmeenergie, dann
schießen sie davon, nein, das ist zu langsam für das, was da geschieht, sie sind mit einem Mal verschwunden, als wären sie
weggezaubert. Über Aquincum scheint ein Dom aus Grillenzir-
pen aufgewölbt, die Hitze knistert, als wir zwischen den alteuro-
päischen Fundamenten herumschlendern. Rom in Mitteleuropa.
Restewelten, in denen die Zeiten übereinanderliegen und inein-
anderfließen. Auf dem nicht weit entfernten Zeltplatz von Rómaifürdö, wo auch unser kleines Zelt der Marke *Fichtelberg* steht,
warten, während die Eidechsen so ganz zeitvergessen in ihrer
römischen Ruinenwelt leben, Hunderte und Hunderte Ostdeutsche auf die Öffnung des Grenzzauns nach Österreich, nach dem
Westen. Vielleicht war meiner Frau und mein Flanieren nichts
anderes als der Versuch, zu einer Entscheidung zu gelangen und
ebenfalls auf die Zaunöffnung zu warten. Die Wirklichkeit des
Zeltplatzes von Rómaifürdö – war das die Wahrheit? – war dann
aber auch die Versammlung genau jener DDR-Tristesse, der wir
doch eigentlich zu entkommen suchten. Und so fuhren wir in
einem aristokratischen Akt am Ende unseres Urlaubes in einem
ziemlich leeren Zug zurück nach Leipzig und jenem Oktober
entgegen, von dem die Geschichtsbücher noch in fernen Zeiten
berichten werden und der in unserer kleinen Familienerzählung
immer wieder einmal aufleuchtet.

GEHEN ENTLANG DER ELBE, die Lößnitz im Rücken. Kötzschenbroda vorbei, zur Rechten dann Zitzschewig, zur Linken der Fluß.
Das sich weitende Tal mit Feldern und Brachen und großen

Obstgärten bei Brockwitz ... Das Rhythmusfinden zunächst, das
Atemfassen ...

Vielleicht erscheinen die Orte gar nicht so sehr in der Zeit ihrer
Gegenwart, also wenn man ihnen gegenübersteht oder wenn man
sich in ihnen aufhält. Vielleicht entsteht erst im Nachhinein etwas,
was in der Erinnerung dann den Ort ausmacht, erst im Nachdenken und im Zusammensetzen. Wobei Zusammensetzen zu
bewußt klingt, zu sehr nach willentlich gesteuerter Konstruktion.
Wie es im Nachhinein in einem zusammenfällt, beschreibt den
Vorgang wohl besser. Es beschreibt auch, was das Wien des Jahres
2004 für mich ausmacht, wo es fünfzehn Jahre nach der Samtenen
Revolution der Tschechen galt, mit Tomáš Kafka – Autor von
Dramoletten und bekannt für seine sowie gefürchtet wegen seiner SMS-Gedichte – im tschechischen Zentrum über die großen
Umbrüche von 1989 zu lesen und zu sprechen. Das Tschechische
Zentrum in der Herrengasse der alten k. u. k.-Hauptstadt ist eher
klein und zentral gelegen. Es *ist* klein und es *liegt* zentral – so wie
Böhmen in Europa. Aber das wird wohl nicht der Grund dafür
sein, daß sich das Zentrum dort befindet, wo es sich befindet. Und
auch nicht für seine Größe.

In Sachsen, mit dem Tschechien eine lange Grenze und auch
Nachbarschaftsgeschichte teilt, ist nun schon vor einigen Jahren
das Dresdner Tschechische Zentrum geschlossen worden, weil
die Tschechen mit der Eröffnung eines Zentrums in Düsseldorf
näher an die deutschen Wirtschaftszentralen heranwollten. Bei
den Sachsen gäb's da nichts zu holen, bloß Kultur, die zudem
noch Geld kostet. So unverblümt erklärte man mir die Anord-
nung des tschechischen Außenministeriums, die den Mitarbei-
tern eben auch nur als Dienstanweisung mitgeteilt worden war.
Man könnte das als mitteleuropäische Malicen sehen, wie es sie
seit jeher gegeben hat. Wem die Schließung schadet, wird sich
wohl erst noch erweisen, denn neben Sachsen, Bayern und ein
wenig auch Thüringen grenzen keine deutschen Bundesländer
an Tschechien, und – Pardon, liebe Tschechen – die Mehrzahl der
Deutschen interessiert sich nicht für Tschechien und die Tschechen. Die kleineren Nachbarn der Deutschen klagen mehr oder

weniger offen darüber, daß sie vom größeren Nachbarn nicht genügend wahrgenommen würden. Das hat seinen Grund, denn beim deutschen Nachbarn treten eben vor allem dessen Nachbarschaftsregionen in intensivere Verbindungen mit denen hinter der Grenze. Für Tschechien sind das vor allem Sachsen und Bayern und auch da besonders die Regionen entlang der Grenze. Sachsen und Bayern ... und die Sudetendeutschen. Jene, welche nach der Vertreibung die Brücken zu Böhmen, Mähren und Sudetenschlesien nicht völlig abgebrochen haben ...

Neben dem Wiener Tschechischen Zentrum gibt es eine Gastwirtschaft, in der, natürlich, Knödel serviert werden. Irgendwer hat gesagt, daß sich Mitteleuropa so weit erstrecke, wie die Küche Knödel kenne. Ein anderer hat statt Knödel Strudel als Kriterium genommen. Wahrscheinlich stimmt beides, sind Strudellinie und Knödellinie weitestgehend identisch. Das Tschechische Zentrum also, ein Abend zur ›Samtenen Revolution‹, zu den Revolutionen in der Tschechoslowakei und in Ostdeutschland, ein Abend zum getrenntgemeinsamen Erleben der Revolution durch Tomáš Kafka in Prag und mich selbst in Leipzig. Mein Freund Tomáš ist seit einigen Jahren Botschafter der Tschechischen Republik in Dublin. Warum schreibe ich das? Weil ich stolz bin, daß mein Freund Botschafter ist. Er ist so alt wie ich und unter westeuropäischen Verhältnissen, die ja gern und apriorisch als die ›normalen‹ gesetzt werden, hätte er noch Jahre und Jahre Dienst tun müssen, um in eine derartige Position zu kommen. Den Abend verbringen wir mit einer sehr überschaubaren Gruppe von Österreichern, und irgendwann fällt mir ein, daß unser aller Vorfahren – aber das klingt so nach ewig zurückliegender Vergangenheit –, daß unsere Großeltern noch alle im selben Staat gelebt haben, der vom Schluckenauer Zipfel bis ans Mittelmeer, der von der schweizerischen bis an die russische Grenze gereicht hatte ...

Tomáš Kafka hatte den *Struwwelpeter* ins Tschechische übersetzt, und es war dies dessen erste Gesamtübersetzung in eine slawische Sprache. Zwei ältere Damen ließen nach Eröffnung der Gesprächsrunde keine Zeit verstreichen und erzählten von ihrem vor langem verstorbenen Vater, der vor dem Krieg in Ägypten gelebt und den *Struwwelpeter* ins Arabische übertragen habe. Damit konnten unsere, wie wir meinten, klugen Gedanken zu den Revolutionen von 1989 und deren Bedeutung für Mitteleuropa nicht konkurrieren. Die *Struwwelpeter*-Übersetzung war in der Einladung für den Abend erwähnt worden, und, wer weiß, vielleicht wäre ohne den Struwwelpeter kein einziger Österreicher ins Tschechische Zentrum gekommen. Was interessierten die Österreicher schon die Revolutionen der andern? Die alte Hauptstadt kümmerte sich nicht um ihre zwei Enkel … Aber das stimmt so natürlich nicht, ein paar waren doch da, diejenigen, für die zuvor die Welt am Eisernen Vorhang nicht aufgehört hatte, diejenigen, die wußten, daß Prag keine osteuropäische Stadt war.

Irgendwann gab es nichts mehr über den *Struwwelpeter* zu sagen, und der Leiter des Zentrums – jung, schmal, wie überhaupt viele Funktionsträger aus Tschechien, Polen, Ungarn jung waren, so ganz anders als die Kultur- oder Politikangestellten aus dem Westen Europas –, der junge Leiter des Zentrums, der zudem auf den schönen tschechischen Namen Marcel hörte, schleppte uns in eine Kneipe, wo bereits eine tschechische Puppenspieltruppe sowie eine tschechische Band versammelt waren, um von ihren Auftritten in Wien auszuruhen. Nach einem langen Abend – oder doch besser einer langen Nacht – folgte draußen auf der Straße der lange Abschied, denn alle zogen sie ins Gästehaus der tschechischen Botschaft, zu dem ich keinen Zutritt hatte. Da war der deutschböhmische Sprößling auch – oder gerade? – bloß Ausländer, und für so einen hatten, einer Prager Dienstvorschrift zufolge, die Tore verschlossen zu bleiben. Auch wenn Zimmer leerstehen mochten, so mußte mich der Leiter des tschechischen Zentrums in einer Innenstadtpension einquartieren, welche von Jugoslawen betrieben wurde, die es im Jahr 2004 ja eigentlich gar nicht mehr gab oder geben durfte, höchstens noch in Wien, und sogar eine jugoslawische Fahne hing – klein – im Frühstücksraum der Pension. Oder bilde ich mir das bloß ein? War es nur die Fahne von Roter Stern Belgrad? Wie auch immer, das Verstoßen auch noch des deutschböhmischen Sprößlings kam den tschechischen Staat teuer zu stehen. Das ist ein reichlich plumpes Wortspiel, angesichts der Wiener Preise aber wahr. Der tschechische Staat hatte viel zu viel zu zahlen für meine Übernachtung in einem ziemlich abgenutzten Pensionszimmer, in das gerade so ein Bett, ein kleiner Tisch und ein Stuhl paßten. Dazu ein Duschschrank, der aussah wie einer jener übergroßen amerikanischen Kühlschränke – oder wie ein aufrecht stehender grauer Kunststoffsarg –, in dem es so eng war, daß zum Einseifen die Armfreiheit nicht ausreichte und die Tür geöffnet werden mußte.

Der dämmerige Frühstücksraum der Pension am Morgen mit den abgewetzten Läufern und Teppichen, mit den Balkanbildern an der Wand, den Balkandeckchen auf dem Tisch und mit der jugoslawischen oder Roter-Stern-Fahne war mir dann wie der vergessene Außenposten einer verschwundenen Welt. Immer wieder und überall konnte man auf solche Einschlüsse von Vergangenem im gegenwärtigen Zeitfluß stoßen, und es wunderte mich gar nicht, daß ich ein paar Stunden später während der quer durch Tschechien führenden Eisenbahnrückreise von Wien nach Dresden irgendwo (an der Sazava?) an irgendeinem Schuppen ein großes Emailleschild mit Frakturbuchstaben sah, auf dem ›Deutsche Schule‹ stand.

Wien … Was für ein Reich hatte sich über die Jahrhunderte um diese Stadt herum angelagert. Bei Ivo Andrić läßt sich in der *Brücke über die Drina* nachlesen, mit welcher beherrschenden imperialen Selbstverständlichkeit Wien ab 1878 seine späte Erwerbung, Bosnien und Herzegowina, an den Gang des Alltags im Donaureich anschloß. Und auch in Sándor Márajs melancholischen Monologen der *Glut* findet sich etwas von diesem Grundton: die Völker des Habsburgerreichs »lebten hier in einer Art behördlich zurückgedrängtem, gedämpftem Trubel.« Máraj, der aus dem slowakischen Kaschau/Košice gebürtige Ungar, mag dies genau so erfahren haben. Es ist dies eine Generation um Generation gewachsene Ordnung des Lebens, nicht zu verklären, aber wohl auch nicht von der Hand weg und von Grund auf zu verdammen. Sogar noch in der Ablehnung liegt, paradoxerweise, etwas Verbindendes, weil der Bezugspunkt das Leben in oder unter dieser Ordnung ist. Wenn diese Ordnung der Dinge und des Lebens schwindet, schlägt die Stunde der kleinen Völker, die – noch einmal Máraj (*Die Möwe*) – »nur ewig geduldete arme Gäste sind in diesem schillernden Fließen, in dem der Golfstrom des Vermögens und der Macht die Küsten der Heimat der glücklichen Völker wärmt.« Oder anders: Die kleinen Völker, von den größeren regiert/verwaltet/beeinflußt/beherrscht …, müssen auf die Schwäche der Großen warten oder versuchen, diese Schwäche mit kleinen Schritten herbeizuführen. Die erste für die Großen fatale Schwäche tritt im Jahr 1918 ein, als die geschlagenen mitteleuropäischen Hegemonialmächte Österreich und Deutschland ihre Heere von den Fronten zurückrufen und demobilisieren. In dieser Situation auch militärischer Hilflosigkeit schaffen sich die kleineren Völker ihre ersehnten eigenen Staaten. Die zweite Schwäche für die großen mitteleuropäischen Staaten Deutschland und Österreich – für sieben Jahre im aggressivsten Reich ihrer Geschichte wiedervereinigt – tritt 1945 mit ihrer totalen Niederlage ein. Nun begnügen sich die kleineren Völker nicht mehr nur mit der Wiedererrichtung ihrer vom nationalsozialistischen Deutschen Reich eliminierten Staaten, sondern sie trennen sich von den Deutschen und Alt-Österreichern, indem sie diese ethnischen Gruppen vertreiben.

In diese in völlige Wehrlosigkeit übergegangene Schwäche hatten sich die Deutschen und Österreicher selbst manövriert. Doch ist das Grundmuster von abgewarteter oder herbeigeführter Schwäche auch für Ungarn zu beobachten, das sich jahrhundertelang die Slowakei als Oberungarn einverleibt hatte und das am Ende des Zweiten Weltkrieges als Verbündeter des Deutschen Reiches und als Mitverlierer nichts gegen die Vertreibung der Ungarn aus der Slowakei tun konnte. Und läßt sich bei der jugoslawischen Sezession nicht Ähnliches beobachten?

Das Verschwundene und die verschwundenen Völker oder Volksgruppen tauchen dann aber – und so ganz gegen die Intention derjenigen, welche ›die andern‹ endgültig hatten loswerden wollen – wieder auf in den Erzählungen, in der Literatur. Tschechen in der Literatur der Deutschen aus Böhmen und Mähren, Deutschböhmen in der Literatur der Tschechen (und dort nicht nur als Nazis), Deutsche in der Literatur der Polen, die als *literatura poniemiecka* aus den Hinterlassenschaften der Verschwunden gar einen Namen für ein Teilgebiet bezieht. Dieses Verschwinden und Wiedererscheinen in der Erzählung läßt sich mit wechselnden Akteuren für andere Gegenden und Literaturen Mitteleuropas fortsetzen.

Das Ungewollte ist ins Gedächtnis eingegraben, die poetische Wirklichkeit transzendiert die Faktizität der politischen und ideologischen Wirklichkeit. Mitteleuropa, das ist der Erzählraum, der erzählte Raum, die Erzählung, in der das Gegenwärtige genauso lebt wie das Verschwundene und eben nur in der Erzählung Wiederbringliche.

GEHEN ENTLANG DER ELBE, die Lößnitz im Rücken. Kötzschenbroda vorbei, zur Rechten dann Zitzschewig, zur Linken der Fluß …

Stromauf liegt nicht weit entfernt von der Einmündung der Eger in die Elbe, der Ohře in die Labe, die von Kaiser Joseph II. im Jahr 1780 errichtete Festung Theresienstadt, mit der er sein Reich vor dem neuen starken Akteur auf der europäischen Bühne, mit der er Österreich vor Preußen schützen wollte. Die Preußen schlugen jedoch keine einhundert Jahre später im östlicher gelegenen böhmischen Königgrätz die Österreicher in einem Bruderkrieg und führten so die kleindeutsche Lösung herbei. Die gleich hinter dem nahen Erzgebirge siedelnden Sachsen hatten sich bereits zu Zeiten Napoleons verspekuliert und als Verbündete des Franzosenkaisers schließlich auf der Verliererseite gestanden, so daß ihr Staat von Preußen auf dem Wiener Kongreß geschluckt worden wäre, wenn Österreich – aus Eigennutz, denn es wollte einen Pufferstaat zwischen sich und den Preußen – nicht rettend Einspruch erhoben hätte. Vielleicht hielten die Sachsen den Österreichern aus diesem Grund bei Königgrätz die Treue und standen mit ihnen, abermals, auf der Verliererseite. Rund fünfundsiebzig Jahre darauf – so daß es Menschen gegeben haben mag, die sich noch an die Niederlage Österreichs von 1866 erinnern konnten, ja, die sie miterlebt hatten – richteten die Nationalsozialisten in Theresienstadt, das mit dem Protektorat Böhmen und Mähren an das Deutsche Reich gefallen war, ein Konzentrationslager ein, in dem sie zehntausende Juden ums Leben brachten. Heute preist die Internetseite Tschechien-Netz.com, gewissermaßen als ›Besichtigungshighlights‹, zwei Hinrichtungsplätze (»ein Galgen«) aus der Nazi-Zeit an, erklärt, daß »Schwerbehindertenausweisinhaber freien Zugang [erhalten und daß es] für das leibliche Wohl in der Gedenkstätte Theresienstadt Erfrischungen [gibt].« Und nicht zu vergessen: »Außerdem sind Souvenirs erhältlich.« Ist das schlechter Stil? Ist es Indolenz? Oder findet hier Ausdruck, daß eine Vergangenheit mit dem Aussterben der einst an ihr beteiligten oder von ihr betroffenen Generationen hinter den Wahrnehmungshorizont versinkt, so daß Theresienstadt nicht anders präsentiert wird als etwa eine der Festungen an der ehemaligen Militärgrenze aus der Zeit der Türkenkriege am südöstlichen Ende des einstigen Habsburgerreiches?

Ich war vielleicht dreizehn oder vierzehn Jahre alt, als meine Schule einen Tagesausflug nach Prag machte, auf dessen Rückreise auch noch schnell in Theresienstadt haltgemacht wurde. Eigentlich war alles aber andersherum angekündigt, nämlich in erster Linie als eine Besichtigung des ehemaligen Konzentrationslagers, weswegen – das weiß ich noch – meine Mutter mir am frühen Morgen, in der Dunkelheit noch, von einem Alpenveilchenstöckchen, wie sie oft auf den hölzernen Blumenbänkchen an den Fenstern der elterlichen Wohnung standen, einige rosa Blütenstengel abschnitt, in nasses Zeitungspapier und eine Zellophantüte wickelte, damit ich die Blumen in der Gedenkstätte hinterlassen könnte. Wie gesagt, es war dann eher ein hastig anberaumtes Einkehren in der schon früh einsetzenden Abenddämmerung, um die Festung Theresienstadt, das alte Ghetto und Konzentrationslager, zu besichtigen, was, glaube ich, dann gar nicht möglich war, weil die Festungsanlage schon geschlossen hatte. Ich habe davon keine Bilder mehr vor mir, außer dem, daß ich mit den von der Busreise schon etwas welken Alpenveilchen vor den Grab- oder Gedenksteinreihen für die Toten stand. Wir hatten in der Schule doch über den Nationalsozialismus gesprochen, ich wußte doch, was da geschehen war. Aber das hatte ich nicht erwartet, so mutterseelenallein – wer weiß wo die anderen abgeblieben waren, aber vielleicht standen sie ja neben mir

– mit meinen von Mutterhand geschnittenen Alpenveilchen vor
all diesen Steinen zu stehen, so daß ich gar nicht wußte, wo ich
die Blumen hinlegen sollte. Es war Nieselwetter, was ich hier
nicht schreibe, weil es sich für den Besuch eines solchen Ortes
geziemt, weil da gar kein schönes Wetter sein kann und weil sich
da überhaupt nichts, was sonst mit ›schön‹ bezeichnet wird, mit
einem solchen Un-Ort in irgendeine Verbindung bringen läßt; es
war Nieselwetter, vielleicht an einem Februartag, vielleicht im
November, das weiß ich nicht mehr, aber die Farbe der Steine
war grau und ging durch den Regen in Schwarz über, das weiß
ich noch und auch, wie seltsam die rosa Alpenveilchen vom Fen-
sterbrett der elterlichen Wohnung inmitten all dieser grauen und
schwarzen Steine aussahen. Ich stand, wie mir heute bewußt ist,
nicht nur gewissermaßen, sondern tatsächlich an einem mitteleuropäischen Gräberfeld, ja, ich stand am Gräberfeld Mitteleuropas,
denn die Toten stammten aus allen zu Mitteleuropa gehörenden
Gegenden. Mit der Ermordung der Juden wurde auch Mitteleuropa, so wie es bis dahin war, umgebracht. Und mit den ermordeten
Juden und dem umgebrachten Mitteleuropa lag dort irgendwo
auch das untergangene Habsburgerreich nicht weit vom noch
einigermaßen jung dahingegangenen Preußen, vor dem es sich
hatte schützen wollen mit dem Bau der Festung Theresienstadt
da oben im nördlichen Reichswinkel zwischen Eger und Elbe.

Immer wieder scheint es auf das Bedürfnis oder die Hoffnung in
die mitteleuropäischen Verfahrenheiten Böhmens zum Anfang
dieser Verfahrenheiten durchdringen zu können, zum Erstgebo-
renenrecht zunächst, sodann zur Ursünde, um dann von dieser
gleichsam erhöhten Warte der Wahrnehmung aus alles zu sehen: Verrat, Versagen, Schuld. Aber nicht nur nach dem Zweiten
Weltkrieg, auch noch bei der Deutsch-Tschechischen Erklärung
von 1997 ging der Blick zurück nicht über das Jahr 1938 hinaus.
Vor-Geschichte? Das ist eine Form der Erzählung, damit kann
das Politische nichts anfangen, das will Ergebnisse und beruft
sich auf Fakten, was in der Regel das Ende der Erzählung bedeutet, weil das Individuelle wie das Individuum verschwinden
oder zum Verschwinden gebracht werden. Vielleicht ist das aber
nur zu verständlich nach allem, was auch Sudetendeutsche oder

Deutschböhmen oder Alt-Österreicher angerichtet und an Schuld auf sich geladen hatten. Warum weitersuchen, wo jedes Weitersuchen doch nur zum eigenen Schaden sein konnte? Schließlich, so wurde und wird argumentiert, sind die Deutschen vertrieben worden, weil sie 1938 die Diktatur und die Auslöschung der tschechoslowakischen Republik gewollt und betrieben hatten.

Hätten nach einer solchen Logik dann später nicht auch jene Tschechen vertrieben werden müssen, die die Diktatur der Kommunisten gewollt und über vierzig Jahre praktiziert hatten? Und das waren nicht wenige, nach dem Ende des Zweiten Weltkrieges hatten sich die Tschechen und Slowaken in freien Wahlen für eine linke Mehrheit und starke Kommunisten entschieden, so daß das Wort vom kommunistischen Putsch 1948 nicht ganz zutrifft. Nur, wohin hätten sie denn vertrieben werden sollen? War also die Vertreibung der Deutschen doch nicht in erster Linie politisch oder ideologisch begründet, sondern eben ethnisch? Nachdem Hitlers Deutschland die Tschechoslowakei 1939 beseitigt hatte, wollten der 1945 wiedererstandene Staat und die wiedererstandene Gesellschaft das ›fremde‹ Volk loswerden, das ihnen während der letzten Jahrzehnte so fremd wie nie zuvor geworden war und das sich ihnen gegenüber so fremd wie nie verhalten hatte. Doch als würde sogar in der Trennung und gegen den eigenen Willen sich ein letztes Mal eine Zusammengehörigkeit äußern wollen, wurde das fremde Volk paradoxerweise bis in die Nachkriegsreden des Präsidenten hinein als ›unsere Deutschen‹ bezeichnet … Vor-Geschichten. Vielleicht ist es – großes Wort – eben unter Gerechtigkeit nie getan. Gerechtigkeit als ein dem Gewesenen gerecht werdendes Erzählen. Keine Schlußstrichdokumente, keine Deklarationen, in denen das Unausgesprochene im Untergrund aber doch weiterwabert.

Die Wilsonovás in Tschechien, die Wilsonstraßen, sprechen als Ausdruck der Verehrung auch von der Verehrung für das monoethnische Modell, das auch andere Länder Mitteleuropas gehegt haben und hegen. Der amerikanische Präsident Wilson, der mit seinem Wort vom ›Selbstbestimmungsrecht der Völker‹, das von den Folgestaaten des Habsburgerreiches nur zu bereitwillig übernommen und für sich reklamiert wurde, Präsident Wilson hat damit letztlich den Weg ins Inhumane gewiesen, weil dieses ›Recht‹ in erster Linie nicht *für* ein Volk, sondern *gegen* andere gerichtet ist. Die langanhaltende Wirkung solchen Denkens demonstrierten die jugoslawischen Sezessionskriege während der 1990er Jahre und die Auflösung der tschechoslowakischen Föderation zum 1. Januar 1993.

Mitteleuropa … Das 21. Jahrundert hat sich noch immer nicht aus Verwirrungen lösen können, die – unter anderem – zur Katastrophe des Ersten Weltkrieges geführt hatten, ja, vielleicht sind die jugoslawischen Sezessionskriege unter diesem Blickwinkel auch Fortsetzungen der Separationskämpfe und Vorherrschaftsansprüche von damals, wie auch die Auflösung der Tschechoslowakei ein Kapitel von 1918 ist …

GEHEN ENTLANG DER ELBE, die Lößnitz im Rücken. Kötzschenbroda vorbei, zur Rechten dann Zitzschewig, zur Linken der Fluß.

Die ersten Rauschwalben jagen über die Wasseroberfläche, in einem blühenden Apfelbaum singt eine Goldammer, auf der anderen Elbseite fallen die Hügelschatten auf das Schloß Scharfenberg; zwei Elbschlepper haben ein Stück nur stromab den Boselfelsen und das winzige Spaargebirge bei Meißen passiert und quälen sich stromauf. Die Elbe fließt ruhig, aber mit einiger Strömung. Ich kehre ein in der Wirtschaft unterhalb der Bosel und lese dort im Frühabendlicht in Andrićs *Brücke über die Drina*. Die Wirtschaft an der Bosel hat neue Betreiber, es sind Albaner, und alles scheint nicht nur zufällig zusammenzupassen, sondern aus einer alten Ordnung heraus, die eben auch Unordnung sein kann. Eine Unordnung, die Albaner an die Elbe verschlägt, die zahllose Višegrads wie bei Andrić in zahllose Untergänge führte und führt. Flußlandschaften sind seit je Schwemmgebiete, und seit je stranden an ihren Ufern einzelne Menschen und ganze Volksgruppen. Manche freilich nimmt der Fluß mit sich fort, um sie nirgendwo wieder an Land abzusetzen.

Es ist ein herrlicher Frühlingsabend, ein Elbschlepper zieht vorbei, der an der Brücke, leuchtend rot auf weiß, sein Jubiläum kundtut:

1956–2011. *55 let.* Am Heck des Schiffes läßt sich noch das alte CS und der Schiffsname, *Beskydy*, erkennen. Dem alten Kahn folgt ein neuerer, die *Alessandro*, ebenfalls ein Tscheche, an dessen Heck aber CZ steht. Darüber weht leicht die tschechische Trikolore, am Bug jedoch die Fahne von BP, und es ist nicht gleich klar, wer da unter wessen Flagge fährt.

Ein Prager Professor meinte kürzlich, daß es seit der Ermordung der Juden und der Vertreibung der Sudetendeutschen Böhmen nicht mehr gebe, sondern nur noch Tschechien. Böhmen – und es sei noch einmal kein Wort über Shakespeare und die Bachmanr. gesagt – ist eben nicht nur eine geographische Bezeichnung, es ist, es war Wirklichkeit, (Alb-)Traum, Wunsch, Erzählung. Übriggeblieben ist von allen Erscheinungsformen nichts als die Erzählung; Böhmen lebt nur noch in der luftigen Welt der Erzählungen, lebt in ihren luftigen Figuren, die einem freilich bei einem abendlichen Spaziergang und kurz vor der Einkehr in eine Pension, die einmal das Haus von längst irgendwo in der Fremde gestorbenen Menschen war, die einem also in der Stunde zwischen Hund ur.d Wolf, wie es bei den Tschechen heißt, leibhaftig begegnen können. Böhmen – Traumwelt und mitteleuropäisches Muster, Pars pro toto mitsamt allen verhallenden Stimmen, Dialekten, Sprachen. Never ending story. Erzählung.

Als ich vor Jahren das Glasmuseum der alten Glasmacherstadt Gablonz besuchte, staunte ich über die kunstfertige Farbenpracht der Glasknopfsammlungen, mit denen in früheren Jahrhunderten die Vertreter zu den europäischen Messen fuhren, um die gefragten böhmischen (böhmischen!) Artikel an die Kunden zu bringen. Die Knöpfe steckten in exakten Reihen auf samtenen Tafeln, sie konnten in Kästchen transportiert werden, und all das strahlte eine Ordnung aus, die weit über das Ordentliche hinausging. Am Ausgang schenkte mir die Angestellte, die mir auch die Eintrittskarte verkauft hatte, einen einzelnen grüngläsernen Knopf mit silbrigem Blütenmotiv. Als sie ihn mir gab, sagte sie: »Für Glück.«

Die Sonne versinkt ein paar Kilometer elbaufwärts von Meißen hinter den Scharfenberger Hügeln, zwei Graureiher halten auf sie zu. Der Albaner hinter dem Tresen ruft herüber, ob es noch etwas sein darf. (Nein, um Gottes Willen, nichts! Es ist grad alles bestens.) Mitteleuropa, in diesem zitternden Augenblick liegt es in einem Frieden, der von der Elbe bis an die Adria reicht. Es ist der Frieden des Läufers nach dem Sturz in einem rasenden und ihn überfordernden Rennen. Es ist der Frieden des Läufers, wenn er sich wieder aufgerichtet hat, den Schmerz abklingen fühlt, tief ausatmet und dann in einen gemächlich Schritt fällt.

GEHEN ENTLANG DER ELBE, die Lößnitz nun voraus und Kötzschenbroda. Irgendwann zur Linken dann Zitzschewig, zur Rechten der Fluß. Das sich weitende Tal mit Feldern und Brachen und großen Obstgärten bei Brockwitz ... Abendschatten. Das Rhythmusfinden zunächst, das Atemfassen ... Deklamieren von Gegenden, von Orten. Worte im Ohr, den Klang von Stimmen.

»slawische mädchen die dörfer versandeten längst / das ist der stoff für legenden«, heißt es in einem Gedicht. Und wer immer das schrieb, er hat recht.

(März-Juni 2011)

Nachweise

Die Essays *Europa und das laute Singen im Walde* sowie »*Kennen Sie das Paßwort?*« *Identitätsfindung in Europa* erschienen zuerst in *Sudetenland. Europäische Kulturzeitschrift*, Heft 2/2003 und Heft 3/2004. Sie sind, ebenso wie der Text *An den Wassern zu Babel*, Fortführungen von Radiobeiträgen für den *Mitteldeutschen Rundfunk*.

»*Du bist hier nur geboren…*« erschien in abgewandelter Form in *Literaturspiegel. Wissenschaftliches Informations- und Diskussionsforum*, Mai 2003.

Wurzelwerk geht zurück auf einen am 15. Februar 2003 in München zur Jahreskonferenz des Deutsch-Tschechischen Gesprächsforums gehaltenen Vortrag.

Niemands Welt. Sieben Nachrichten aus Mitteleuropa geht zurück auf einen am 8. Dezember 2008 im Graduiertennetzwerk »Deutschland und das neue Europa im Zeitalter der Entgrenzungen« an der Technischen Universität Dresden gehaltenen Vortrag.

The Glory of Living erschien zuerst in *Signum. Blätter für Literatur und Kritik*, Winter 2006.

»*Die Kunst der Ablenkung*« oder *Peter Handkes Erzählung* ›Die morawische Nacht‹ geht zurück auf einen am 4. Juni 2011 in der Villa Vigoni (Loveno di Menaggio, Italien), im Rahmen der Konferenz »Mitteleuropa. Geschichte eines transnationalen Diskurses im 20. Jahrhundert«, gehaltenen Vortrag.

INHALTSVERZEICHNIS